Cwrs Sylfaen

Yr ail lyfr cwrs mewn

cyfres o dri i oedolion

sy'n dysgu Cymraeg

The second course

book in a series of three

for adults learning Welsh

Fersiwn y Gogledd
North Wales Version

Mark Stonelake
Emyr Davies

CBAC WJEC

Cyhoeddwyd gan CBAC
Cyd-bwyllgor Addysg Cymru
Published by the WJEC
Welsh Joint Education Committee

Yr Uned Iaith Genedlaethol,
CBAC, 245 Rhodfa'r Gorllewin,
Caerdydd CF5 2YX
The National Language Unit,
WJEC, 245 Western Avenue,
Cardiff CF5 2YX

Argraffwyd gan Wasg Gomer
Printed by Gomer Press

Argraffiad cyntaf: 2006
First impression: 2006

ISBN 1 86085 518 0

Cydnabyddiaeth
Acknowledgements

Awduron: *Authors:*	Mark Stonelake, Emyr Davies
Golygydd: *Editor:*	Glenys Mair Roberts
Dylunydd: *Designer:*	Olwen Fowler
Rheolwr y Project: *Project Manager:*	Emyr Davies
Awdur yr Atodiad i Rieni: *Author of the Appendix for Parents:*	Carole Bradley

Lluniwyd y darluniau gwreiddiol gan Brett Breckon.
Original illustrations are by Brett Breckon.

Mae'r cyhoeddwyr yn ddiolchgar i'r canlynol am ganiatâd
i ddefnyddio ffotograffau:
The publishers are grateful to the following
for permission to use photographs:
Cyngor Sir Penfro, Gwasanaethau Twristiaeth a Hamdden
  - llun y clawr, Dinbych-y-pysgod.
Western Mail Cyf. t.31 (Bryn Terfel, Ryan Giggs, Katherine Jenkins a
  Tom Jones) ac eto ar tt. 48, 66, 117 a 132; t.138 (llun Gŵyl Ddewi).
Associated Press tt.31 a 45 (Margaret Thatcher, Pavarotti, Manic Street
  Preachers, Laurel a Hardy, y Beatles, George W. Bush), t.38, t.68
  (Anthony Hopkins), t.75 (Katherine Jenkins), t. 117 (Manic Street
  Preachers), t.121 (George W. Bush), t.144 (Laurel a Hardy).
BBC t.31 a t. 57 (Sara Edwards).
S4C tt.31 a 131 (Dudley Newberry).
Topham Picturepoint t.32 (Charlie and the Chocolate Factory), t.45
  (Ioan Gruffudd), tt.90 a 102 (naid bynji), t.126.
Camera Press   t.104.
Richard Young   t.132 (J. K. Rowling).
Empics   tt.35 a 117 (Catherine Zeta Jones).
Bwrdd Croeso Cymru   tt.53, 54, 78, 127 a 174.
T G Powell   t.202.
Tynnwyd y ffotograffau eraill gan:
Other photographs were taken by:
Mark Johnson, Pinegate Photography; Olwen Fowler

Nodyn / *Note*
Mae hwn yn gwrs newydd sbon, felly croesewir sylwadau
gan ddefnyddwyr, yn diwtoriaid ac yn ddysgwyr. Anfonwch
eich sylwadau drwy e-bost at: lowri.morgan@cbac.co.uk, neu
drwy'r post at: Lowri Morgan, Yr Uned Iaith Genedlaethol,
CBAC, 245 Rhodfa'r Gorllewin, Caerdydd, CF5 2YX.
This is a brand new course, so we would welcome any
comments from users, whether tutors or learners. Send
your comments by e-mail to: lowri.morgan@cbac.co.uk,
or by post to: Lowri Morgan, The National Language Unit,
WJEC, 245 Western Avenue, Cardiff, CF5 2YX.

Cyflwyniad
Introduction

Cwrs Sylfaen is the second in a series of three course books that will help you to speak and understand Welsh. There are different versions for learners living in north and south Wales. It has been designed for groups of learners who meet in classes once a week, or on more intensive courses. It follows on from the course for complete beginners, *Cwrs Mynediad*.

Cwrs Sylfaen is made up of 30 units to be used in class with your tutor, including a revision unit every five units. The first units are also an opportunity to revise what you may have forgotten from the previous course! The new patterns are shown in boxes and activities follow which help you to practise these patterns in class. Vocabulary and grammar points are summarised at the end of each revision unit, and there are checklists for you to see how you are progressing. A separate *Pecyn Ymarfer* or Practice Pack is available, with tasks and exercises to help you revise at home. There are also CDs or cassettes accompanying the course, which will help you revise each unit through repetition and various exercises.

The best advice is to use what you learn as soon as possible, with other learners, your tutor and others.

Two appendices are included at the end of the main course book. The first is for learners who are learning in their workplace. The second is for parents with children under five years old, who are learning with their children. Your tutor will select parts of these appendices, if they're relevant to the group, and use them in class. Otherwise, you can try them out for yourself.

At the end of the course, you will be ready to sit an exam, called *Defnyddio'r Gymraeg: Sylfaen*. You don't have to sit an exam if you're following the course, but it does give you something to work towards. It is an accredited Level 1 qualification, and you should be able to take the different tests at a centre near you.

Remember - use what you learn. Also, be ready to participate, enjoy learning and perhaps the best advice is 'Daliwch ati!' or 'Stick at it!' Pob lwc!

Cynnwys

Cwrs Sylfaen: Uned 1

Nod: Adolygu - rhoi manylion personol - enw, cartre, rhif ffôn, oed, teulu, diddordebau, gwyliau

Revision - giving personal details - name, home, telephone number, age, family, interests, holidays

1. Newidiwch y geiriau mewn teip tywyll i roi eich manylion chi

Change the words in bold letters to give your details

Be' ydy'ch enw chi?	**Bryn** dw i
Lle dach chi'n byw?	Dw i'n byw **yn Aberystwyth**
Be' ydy'ch rhif ffôn chi?	**01324 447731**
Faint ydy'ch oed chi?	Dw i'n **ddwy ar hugain** oed
Dach chi'n gweithio?	Ydw, dw i'n gweithio **yn Tesco**
	Nac ydw, dw i **wedi ymddeol**
Oes gynnoch chi deulu?	Oes, mae gen i **dri mab**
	Nac oes, does gen i ddim teulu
Be' dach chi'n hoffi wneud?	Dw i'n hoffi **nofio a darllen**
Lle aethoch chi ar eich gwyliau diwetha?	Mi es i i **Ogledd Ffrainc** am **wythnos**
Sut oedd y tywydd?	Roedd hi'n **braf**
Gaethoch chi amser da?	Do, mi ges i amser da iawn
	Naddo, ges i amser ofnadwy

Cwrs Sylfaen: Uned 1

Tasg
Rhowch eich manylion yn y bocs CHI a gofynnwch i bartner am ei fanylion o/ei manylion hi i lenwi bocs PERSON 1.

Put your details in the CHI box and ask a partner for his/her details to fill the PERSON 1 box.

chi

Enw: _____

Byw: _____

Rhif ffôn: _____

Oed: _____

Gweithio: _____

Teulu: _____

Diddordebau (x2): _____
_____

Gwyliau: _____

Tywydd: _____

Amser da: _____

person 1

Enw: _____

Byw: _____

Rhif ffôn: _____

Oed: _____

Gweithio: _____

Teulu: _____

Diddordebau (x2): _____
_____

Gwyliau: _____

Tywydd: _____

Amser da: _____

Tasg
Siaradwch am y bobl yn y lluniau - lle maen nhw'n byw? (Cofiwch y treiglad)

Talk about the people in the pictures - where do they live? (Remember the treiglad)

2. Be' ydy ei enw o/ei henw hi?   **Bryn/Siân** ydy'r enw
Lle mae o/hi'n byw?   Mae o/hi'n byw **yn Aberystwyth**
Be' ydy ei rif ffôn o?   **01324 447731**
Be' ydy ei rhif ffôn hi?

Faint ydy ei oed o?   Mae o'n **dri deg** oed
Faint ydy ei hoed hi?   Mae hi'n **ddau ddeg pump** oed

Ydy o/hi'n gweithio?   Ydy, mae o'n gweithio **yn Tesco**
                              Nac ydy, mae hi **wedi ymddeol**

Oes gynno fo deulu?	Oes, mae gynno fo **dri mab**
Oes gynni hi deulu?	Nac oes, does gynni hi ddim teulu
Be' mae o/hi'n hoffi wneud?	Mae o'n hoffi **nofio a darllen**
	Mae hi'n hoffi **nofio a darllen**
Lle aeth o ar ei wyliau diwetha?	Mi aeth o i **Ogledd Ffrainc** am **wythnos**
Lle aeth hi ar ei gwyliau diwetha?	Mi aeth hi i **Sbaen** am **ddeg diwrnod**
Sut oedd y tywydd?	Roedd hi'n **braf**
Gaeth o/hi amser da?	Do, mi gaeth o amser da iawn
	Naddo, gaeth hi amser ofnadwy

Ffeindiwch bartner newydd, a gofynnwch am y PERSON 1 a holwyd wrth wneud Ymarfer 1. Symudwch ymlaen at bartner newydd ar ôl gorffen.
Find a new partner, and ask about the PERSON 1 who was interviewed during Exercise 1. Move on to a new partner when you have finished.

person 2

Enw: _____

Byw: _____

Rhif ffôn: _____

Oed: _____

Gweithio: _____

Teulu: _____

Diddordebau (x2): _____

_____

Gwyliau: _____

Tywydd: _____

Amser da: _____

person 3

Enw: _____

Byw: _____

Rhif ffôn: _____

Oed: _____

Gweithio: _____

Teulu: _____

Diddordebau (x2): _____

_____

Gwyliau: _____

Tywydd: _____

Amser da: _____

Tasg

Efo'ch partner, cysylltwch yr ateb â'r cwestiwn.

With a partner, connect the answer to the question. ✔ = *yes* ✗ = *no*

Wyt ti'n gweithio?	✔	Oedd
Oes gynnoch chi blant?	✗	Ydy
Dach chi'n hoffi pasta?	✗	Do
Aethon nhw allan neithiwr?	✔	Bydd
Ydy hi'n braf rŵan?	✔	Ia
Bryn Jones dach chi?	✔	Nac oes
Oedd hi'n braf ddoe?	✔	Ydw
Fydd hi'n oer yfory?	✔	Na chei
Ga i ofyn cwestiwn?	✗	Nac ydw

Gofynnwch y cwestiynau i'ch gilydd. Atebwch heb edrych ar y llyfr cwrs.

Ask each other the questions. Answer without looking at the course book.

 Tasg

Efo'ch partner, siaradwch am y dyn yn y llun:

With your partner, talk about the man pictured:

Enw:	Dewi
Byw:	Tal-y-bont
Oed:	40
Diddordebau:	nofio, bwyta allan
Rhif ffôn:	01970 226905

Wedyn, siaradwch am y ddynes yn y llun:

Then, talk about the woman pictured:

Enw:	Carys
Byw:	Bangor
Diddordebau:	darllen, chwarae efo'r plant
Yn wreiddiol:	Llundain
Gwyliau:	Barbados

Nesa, dychmygwch mai chi ydy Dewi neu Carys.

Dwedwch o leiaf 6 o bethau amdanoch chi eich hun.

Next, imagine that you are Dewi or Carys. Say at least 6 things about yourself.

Gwrando

Gwrandewch ar y tâp dair gwaith a llenwch y grid.

Gwiriwch eich atebion efo'ch partner - yn Gymraeg!

Listen to the tape three times and fill in the grid.

Check your answers with your partner - in Welsh!

Enw	Byw efo	Mewn	Lle	Gweithio	(x2) Hoffi gwneud	Pryd
Eleri						
Gwyn						
Cedric						

Mastermind!

Un aelod (dewr) o'r dosbarth i eistedd yn y blaen ac ateb y cwestiynau yma amdanyn nhw eu hunain. Pawb arall yn y dosbarth i ofyn y cwestiynau:

One (brave) member of class to sit in the front and answer these questions about themselves. Other people in the class should ask the questions:

Be' ydy'ch enw chi?

Lle dach chi'n byw?

Dach chi'n gweithio?

Oes gynnoch chi deulu?

Faint ydy'ch oed chi?

Lle aethoch chi ar eich gwyliau diwetha?

Be' gaethoch chi i swper neithiwr?

Be' dach chi'n hoffi wneud yn eich amser sbâr?

O le dach chi'n dŵad yn wreiddiol?

Cwrs Sylfaen: Uned 2

Nod: Adolygu - rhoi manylion personol - y gwaith, y teulu ac eiddo
Revision - giving personal details - work, family and possessions

1. Fy nghariad i
   Fy mhartner i
   Fy nhad i
   Fy mrawd i
   Fy neintydd i
   Fy ngrŵp i
   Fy chwaer i
   Fy mab i

   Siân ydy enw fy **nghariad** i

 Tasg

Ysgrifennwch enwau perthnasau dychmygol yn y bocsys a dwedwch nhw wrth eich partner.
Write the names of imaginary relations in the boxes and tell your partner who they are.

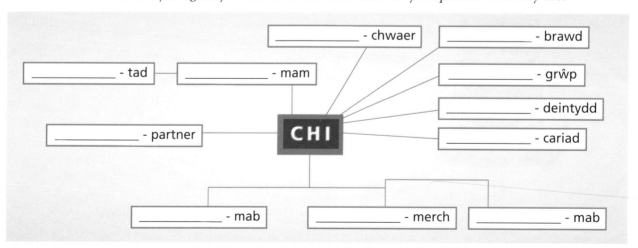

Cwrs Sylfaen: Uned 2

2. Dy gariad di
Dy bartner di
Dy dad di
Dy frawd di
Dy ddeintydd di
Dy grŵp di
Dy chwaer di
Dy fab di

Be' ydy enw dy **dad** di?   **Ffred** ydy enw fy **nhad** i

Tasg

Ysgrifennwch enwau'ch perthnasau iawn yn y bocsys a gofynnwch i'ch partner am ei berthnasau o/ei pherthnasau hi. Does dim rhaid llenwi pob bocs!
Write the names of your real relations in the boxes and ask your partner about his/her relatives. You don't have to fill in all the boxes!

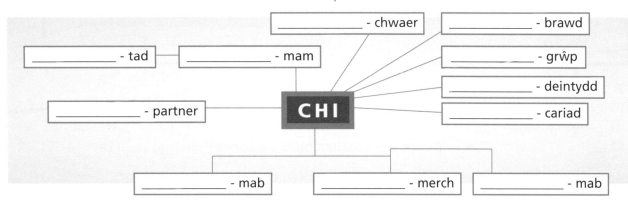

_____ - chwaer   _____ - brawd

_____ - tad   _____ - mam   _____ - grŵp

_____ - deintydd

_____ - partner   **CHI**   _____ - cariad

_____ - mab   _____ - merch   _____ - mab

3.

Ei dŷ o	Ei thŷ hi
Ei gân o	Ei chân hi
Ei barot o	Ei phartner hi
Ei fwyd o	Ei hysgol hi
Ei ddinas o	Ei dinas hi
Ei wraig o	Ei gŵr hi
Ei rieni o	Ei rhieni hi
Ei fam o	Ei mam hi
Ei lyfr o	Ei llyfr hi

Be' ydy enw   ei dŷ o?
Be' oedd enw   ei chath hi?

7

Tasg

Efo'ch partner, cysylltwch y cymeriadau
â'r pethau sy'n perthyn iddyn nhw.

*With your partner, connect
the characters to the things
belonging to them.*

John Major (cariad)	Delilah
Elvis (tŷ)	Spinach
Shirley Bassey (cân)	Capten Fflint
Batman (car)	Edwina Currie
Long John Silver (parot)	Trigger
Hillary Clinton (gŵr)	Gracelands
Roy Rogers (ceffyl)	Batmobile
Popeye (bwyd)	Diamonds are Forever
Woody Allen (dinas)	Bill Clinton
Tom Jones (cân)	Efrog Newydd

Ar ôl cysylltu'r ddwy golofn, dwedwch enw rhywun wrth eich partner.

Rhaid iddo fo/iddi hi ddweud brawddeg.

After connecting the two columns, give your partner a name. He/she will have to say a sentence.

e.e.   Shirley Bassey   'Diamonds are Forever' oedd ei chân hi

Meddyliwch am enwau a chysylltiadau eraill i'w gofyn i'r dosbarth.

Think of some other names and connections to ask the class.

Gramadeg

Dyma dabl i'ch helpu chi i gofio pa dreiglad sy'n dŵad a lle.

Here's a table to help you remember which mutation comes where.

Fy	nghar	i	(Treiglad Trwynol)
Dy	gar	di	(Treiglad Meddal)
Ei	gar	o	(Treiglad Meddal)
Ei	char	hi	(Treiglad Llaes - TCP!)
Ein	car	ni	Dim treiglad (ond 'h' o flaen llafariad)
Eich	car	chi	Dim treiglad
Eu	car	nhw	Dim treiglad (ond 'h' o flaen llafariad)

4. Cartref ydy enw eu tŷ nhw
Bryn y Môr ydy enw eu hysgol nhw
Un deg saith ydy rhif ein tŷ ni
Ysgol y Cwm ydy enw ein hysgol ni

Be' ydy **rhif tŷ** Bryn a Siân?   **Un deg saith** ydy **rhif** eu tŷ nhw
Be' ydy enw eich **ysgol** chi?   **Bryn y Môr** ydy enw ein **hysgol** ni

Tasg
Llenwch y bocsys ac wedyn gofynnwch i rywun arall am gynnwys eu bocsys nhw.
Fill in the boxes and then ask someone else about the content of their boxes.

e.e.   Be' ydy enw ysgol Bryn a Siân?   _____ ydy enw eu hysgol nhw
Be' ydy rhif eich tŷ chi?   _____ ydy rhif ein tŷ ni

Bryn a Siân	Ni	Wil a Mari	Eleri a Siôn
Enw ysgol:	Enw ysgol:	Enw ysgol:	Enw ysgol:
_____	_____	_____	_____
Rhif tŷ:	Rhif tŷ:	Rhif tŷ:	Rhif tŷ:
_____	_____	_____	_____
Mêc car:	Mêc car:	Mêc car:	Mêc car:
_____	_____	_____	_____

Tasg
Mewn parau, darllenwch y darn yma yn uchel i'ch gilydd.
Trafodwch unrhyw eiriau dach chi ddim yn eu deall.
In pairs, read the following paragraph aloud to each other.
Discuss any words you don't understand.

Dw i'n gweithio mewn swyddfa yn **Abergwaun**. Mi wnes i ddechrau yma yn **1989**.
Dw i'n teithio i'r gwaith bob dydd **ar y bws**, a dw i'n cyrraedd erbyn **hanner**
awr wedi wyth. Mae gen i **gyfarfodydd** yn y bore fel arfer, a dan ni'n cael **coffi**
am un ar ddeg. Fel arfer, rhaid i mi fynd i'r **swyddfa arall** yn y dre yn y prynhawn,
os ydy hi'n brysur. Ar ôl i mi wneud y **gwaith papur** wedyn, dw i'n gorffen erbyn
hanner awr wedi pump. Mi fydda i'n ymddeol mewn **pum mlynedd**!

Ar ôl gorffen, darllenwch y paragraff eto, y tro yma gan newid y geiriau mewn print trwm.
Mewn grwpiau o dri, cymerwch eich tro wedyn i ddisgrifio eich diwrnod gwaith eich hun.

> *After finishing, read the paragraph again, this time changing the words in bold print.*
> *Then in groups of three, take turns to describe your own work day.*

 Tasg
Edrychwch ar y lluniau. Gofynnwch i'ch partner
lle mae'r bobl yma'n gweithio.

> *Look at the*
> *pictures. Ask your*
> *partner where these*
> *people work.*

Gramadeg

*If he works in **a** school, any school, you use **mewn**.*
*If he works in a specific school to which you are referring, use **yn**.*

e.e.   Mae o'n gweithio mewn ysgol
       Mae o'n gweithio yn ysgol Aberteifi

       Mae hi'n gweithio mewn canolfan hamdden
       Mae hi'n gweithio yng nghanolfan hamdden Treffynnon

Tasg
Mi gewch chi ddau funud i feddwl am bum brawddeg i'w dweud am eich teulu chi.
Ysgrifennwch nhw ar ddarn o bapur sgrap. My fydd y tiwtor yn eich gwahodd i ddweud
eich brawddegau wrth y dosbarth. Ceisiwch gofio eich brawddegau chi, fel nad oes
angen eu darllen. Dyma rai awgrymiadau:

> *You will be given two minutes to think of five sentences to say about your family. Write*
> *them on a piece of scrap paper. Your tutor will invite you to say your sentences to the class.*
> *Try to remember your sentences, so you don't need to read them. Here are some suggestions:*

               Mae gen i un brawd.
               Meddyg ydy o.
               Does gynno fo ddim plant.
               Mae fy nhad i'n dŵad o Iwerddon.
               Dw i'n gweld y teulu bob dydd Sul.

Cwrs Sylfaen: Uned 3

Nod: Siarad am y gorffennol a thrafod yr amser *Talking about the past and discussing time*

1. Mi wnes i godi am saith o'r gloch
Mi es i i'r gwaith am chwarter wedi wyth
Mi ges i frechdanau am hanner awr wedi un
Mi ddes i adre ar y bws am chwarter i chwech
Mi wnes i'r gwaith cartref am wyth

Pryd **wnest ti godi?**   **Mi wnes i godi am saith o'r gloch**

 Tasg
Ticiwch un peth o bob colofn. Mi fydd eich partner yn gofyn cwestiynau i chi.
Tick one thing from each column. Your partner will ask you questions.

e.e. **A:** Gest ti frechdanau ?   **A:** Naddo
    B: Gest ti basta ?   **B:** Do
    A: Est ti i'r dre?   **A:** Naddo
    B: Est ti i'r gwaith?   **B:** Naddo

Codi	Mynd i	Cael	Dŵad adre	Gwneud
7.00	i'r dre	brechdanau	ar y bws	y gwaith cartref
7.20	i'r gwaith	coffi	mewn tacsi	y llestri
7.15	i'r dafarn	pasta	ar y trên	y smwddio
7.35	i'r caffi	sglodion	yn y car	y glanhau
7.30	i'r ganolfan hamdden	pot noodle	ar y beic	yr hwfro

Defnyddiwch y grid eto gan ddefnyddio 'chi' yn lle 'ti'.
Use the grid again using 'chi' instead of 'ti'.

Cwrs Sylfaen: Uned 3

Gêm drac i adolygu'r gorffennol

Revising the past with a track game

Gramadeg

I helpu, dyma sut mae'r berfau'n gweithio.	Mi wnes i godi — Mi wnaethon ni godi
Ceisiwch ddweud brawddeg hirach bob tro.	Mi wnest ti godi — Mi wnaethoch chi godi
To help, here is how the verbs work.	Mi wnaeth o godi — Mi wnaethon nhw godi
Try to say a longer sentence each time.	Mi wnaeth hi godi

Tasg – gwneud stori

Efo partner, dewiswch ferf o bedair colofn yn y gêm drac
a gwnewch stori yn y gorffennol.

*With a partner choose a verb from each of four columns
in the track game and make up a story in the past.*

e.e. Mi wnes i godi'n gynnar ddoe am saith. Mi es i allan ar ôl brecwast.
Mi wnes i chwarae pêl-droed yn y parc efo'r plant am awr wedyn ...

2.   Ar ôl i ti fynd
Ar ôl i mi fynd
Ar ôl i ni fynd
Ar ôl i chi fynd

Roedd rhaid i mi adael
Roedd rhaid i ti fynd
Roedd rhaid iddo fo gyrraedd
Roedd rhaid iddi hi yrru

A: Beth oedd rhaid i ti wneud?
B: Roedd rhaid i mi ffonio
A: Pryd roedd rhaid i ti ffonio?
B: Ar ôl i mi ddŵad adre

Tasg

Efo'ch partner, edrychwch ar y rhestr yma. Defnyddiwch 'ar ôl i mi' i ddweud
be' wnaethoch chi yn y drefn iawn (gan ddefnyddio'r amser fel canllaw). Ar ôl gorffen,
ysgrifennwch bump peth wnaethoch chi ddoe ar bapur sgrap. Mi fydd eich tiwtor yn
eich gwahodd i ddweud be' wnaethoch chi wrth y dosbarth cyfan.

*With your partner, look at the list below. Using 'ar ôl i mi' say what you did in the correct
order (using the times as a guide). After finishing, write 5 things you did yesterday on a
piece of scrap paper. Your tutor will invite you to tell the whole class what you did.*

6.00	Edrych ar y teledu	7.15	Golchi'r car
8.30	Mynd i'r dafarn	8.10	Gwrando ar CD
5.30	Cysgu ar y gadair	5.00	Darllen
11.00	Gyrru adre	6.15	Bwydo'r gath
6.45	Gwneud y gwaith cartre	8.20	Ffonio ffrind

Cwrs Sylfaen: Uned 3

Tasg - rhoi cyngor

Dyma be' wnaeth John neithiwr. Meddyliwch am gyngor addas iddo fo ar gyfer heddiw neu yfory.

Giving advice. This is what John did yesterday. Think of suitable advice to give him about today or tomorrow.

Neithiwr	Cyngor
Mi aeth o i'r dafarn tan un o'r gloch y bore.	e.e. Rhaid iddo fo aros yn y gwely.
Mi wnaeth John ofyn i Mair ei briodi fo	
Mi gaeth John ddamwain car	
Mi wnaeth John ddringo i ben yr Wyddfa	
Mi wnaeth John brynu cyfrifiadur newydd	
Mi gaeth gwraig John fabi	
Mi wnaeth John ddechrau swydd newydd	
Mi wnaeth John gyfarfod George W. Bush	

Newidiwch y brawddegau i sôn am Lowri yn lle John.

Change the sentences to talk about Lowri instead of John.

Tasg

Mewn parau, darllenwch y cerdyn post isod. Yna, meddyliwch am bump cwestiwn i'w gofyn am y cerdyn a'u hysgrifennu ar bapur sgrap, e.e. Lle aeth Tom a Catrin?

In pairs, read the postcard below. Then, think of five questions to ask about the card and write them on a piece of scrap paper.

CERDYN POST

Annwyl Mam a Dad,

Dan ni wedi cyrraedd Efrog Newydd. Mi aethon ni i weld y lluniau yn y Guggenheim ddoe ac wedyn mi aethon ni am dro yn Central Park. Mae o'n lle diddorol iawn! Dydy'r tywydd ddim yn braf iawn, ond mae digon i'w weld yma. Mi gaethon ni fwyd mewn tŷ bwyta ger y môr neithiwr, ac roedd o'n ddrud iawn. Ar ôl i ni fynd yn ôl i'r gwesty, roedd hi'n hwyr iawn. Dan ni'n mynd i weld Ynys Ellis yfory, ac mi fyddwn ni'n hedfan adre dydd Sadwrn.

Mi welwn ni chi ddydd Sul,
Tom a Catrin

Tasg

Mi fydd eich tiwtor yn rhoi darn o bapur sgrap i chi. Mewn grwpiau o dri rhaid i chi ysgrifennu pob gair dach chi'n gallu meddwl amdano, yn gysylltiedig â phwnc arbennig, mewn dau funud. Ar ôl gorffen, mi fyddwch chi'n cyfenwid papurau â grŵp arall a rhaid i chi ddweud brawddeg yn eich tro yn cynnwys un o'r geiriau.

Your tutor will give you a piece of scrap paper. In groups of three, you will have to write every word you can think of, connected with a particular topic, within two minutes. After finishing, you will exchange papers with another group and take turns to say one sentence containing one of the words on the list.

Cwrs Sylfaen: Uned 4

Nod: Trafod pethau dach chi wedi eu gwneud ac ers pryd
Discussing things you have done and since when

1.

Dw i wedi	cael digon	I've	had enough
	gorffen		finished
	anghofio		forgotten
	bod 'na		been there
	dewis		chosen

Wyt ti wedi bod yn Sbaen erioed?   Ydw, unwaith / sawl gwaith
Have you ever been to Spain?   *Yes, once / several times*

Nac ydw, erioed
No, never

 Tasg
Gofynnwch i'ch gilydd am wledydd eraill.
Ask each other about other countries.

2. Dach chi wedi gweld   *How Green was My Valley*?   Ydw, wrth gwrs!
darllen   *Lord of the Rings*?   Nac ydw, ond dw i wedi
gweld y ffilm

 Tasg
Gofynnwch i'ch gilydd am lyfrau neu ffilmiau newydd.
Ask each other about new books or films.

3. Wyt ti wedi cyfarfod rhywun enwog erioed?   Ydw, dw i wedi cyfarfod Siân Phillips
Have you ever met someone famous?   Nac ydw, neb
Wyt ti wedi cyfarfod rhywun cyfoethog erioed?   Ydw, dw i wedi cyfarfod Bill Gates
Have you ever met someone rich?   Nac ydw, neb

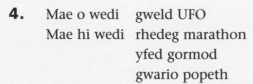 **Tasg**

Gofynnwch i'ch gilydd am bethau anarferol
dach chi wedi gwneud. Mi fydd y tiwtor yn eich helpu chi.

*Ask each other about unusual things you
have done. The tutor will help you.*

Awgrymiadau:	bwyta octopws	*eaten octopus*
Suggestions:	bod ar y teledu	*been on television*
	gweld damwain	*seen an accident*
	smygu pot	*smoked pot*
	cael 'appendicitis'	*had appendicitis*

Os bydd rhywun yn dweud 'Ydw', gofynnwch ragor
o gwestiynau, e.e. Lle? Pryd? Efo pwy? Sut?

*If someone says 'Ydw', ask more questions!
e.g. Lle? Pryd? Efo pwy? Sut?*

4.

Mae o wedi	gweld UFO	He has	seen a UFO
Mae hi wedi	rhedeg marathon	She has	run a marathon
	yfed gormod		drunk too much
	gwario popeth		spent everything

Ydy o / hi wedi **gweld UFO**?   *Has he / she seen an UFO?*
Ydy o / hi?   *Has he / she?*
Ydy Siân wedi **rhedeg marathon**?   Nac ydy, ond mae hi wedi cerdded i Tesco
Ydy Tom?   *Has Tom?*

 Siaradwch am bobl eraill yn y dosbarth.
Defnyddiwch y cwestiynau dach chi wedi eu dysgu hyd yn hyn.
Talk about other people in the class. Use the questions you have learnt so far.

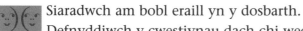 Gramadeg

Cofiwch y gwahaniaeth rhwng y parau brawddegau yma:

Remember the difference between these pairs of sentences:

1.	Dw i wedi gweld	*I have seen*
2.	Mi wnes i weld	*I saw / I did see*

1.	Dw i wedi mynd	*I have gone*
2.	Mi es i	*I went*

5.

Dan ni wedi	gwneud y gwaith		We have	done the work
	dechrau			started
Maen nhw wedi	gadael		They have	left
	cyrraedd			arrived

Dach chi wedi **gwneud y gwaith**? *Have you done the work?*
Nac ydan, dan ni newydd **ddechrau** *No, we have just started*
Ydan *Yes (we have)*

Ydyn nhw wedi **cyrraedd** eto? *Have they arrived yet?*
Nac ydyn, dim eto *No, not yet*
Ydyn, maen nhw newydd **gyrraedd** *Yes, they've just arrived*

Efo'ch partner, dewiswch grid A neu B a thiciwch 5 sgwâr.
Mi fydd eich tiwtor yn esbonio be' i'w wneud.
With a partner, choose grid A or B and tick 5 squares. Your tutor will explain what to do.

Geiriau Partner B

gorffen, cael digon, cyrraedd eto.
(Partner B's words)

Partner A	gadael	dechrau	yfed gormod
Bryn			
Siân			
nhw			
chi			
ti			
ni			

Geiriau Partner A

gadael, dechrau, yfed gormod
(Partner A's words)

Partner B	gorffen	cael digon	cyrraedd eto
Bryn			
Siân			
nhw			
chi			
ti			
ni			

6.

Dan ni wedi gorffen ers oriau *We've (been) finished for hours*
Dan ni wedi symud ers blynyddoedd *We've moved for years*
  (i.e. We moved years ago)

Dan ni wedi gwerthu'r tŷ ers misoedd *We've sold the house for months*
  (i.e. We sold the house months ago)

Dan ni'n byw 'ma ers pum mlynedd *We've lived here for five years*
Dan ni'n gweithio 'ma ers dwy flynedd *We've worked here for two years*
Dan ni'n dysgu Cymraeg ers blwyddyn a mwy *We've been learning Welsh*
  for a year and more.

Ers faint dach chi wedi symud? *Since when have you moved?*
Ers faint dach chi'n byw yn yr ardal? *Since when have you lived in the area?*

Geirfa

ardal (b)	-	*area*
cyfarfod	-	*to meet*
cyfoethog	-	*rich*
cyrraedd	-	*to arrive*
dechrau	-	*to start*
dewis	-	*to choose*
digon	-	*enough*
dŵad yn ôl	-	*to come back*
enwog	-	*famous*
erioed	-	*ever/never*
ers	-	*since*
gadael	-	*to leave*
gorffen	-	*to finish*
newydd	-	*has/have just (+ TM)*
rhywun	-	*someone*
sawl gwaith	-	*several times*
twll o le	-	*a dump*
unwaith	-	*once*
yn ddiweddar	-	*recently*

**Ychwanegwch eirfa
sy'n berthnasol i chi:**
*Add vocabulary that's
relevant to you:*

Deialog

A: Wyt ti wedi bod yn **Affrica** erioed?

B: Ydw. Dw i newydd ddŵad nôl o **Moroco**.

A: Duw! Duw! Wyt ti wir?

B: Ydw. Wyt ti wedi bod 'na?

A: Nac ydw, ond dw i wedi bod **ym Mhorth-cawl**.

B: Dw i erioed wedi bod 'na.

A: Mae o'n dwll o le!

Ymarfer efo'ch partner,
yna newidiwch y geiriau
mewn print bras.
*Practise with your
partner, then change
the words in bold print.*

g Gramadeg

Defnyddio 'wedi'
Using 'wedi'

Remember not to use **'n** *with* wedi, *e.g.* Dw i**'n** gweld - *I see.* Dw i **wedi** gweld - *I have seen.*

The answers to questions in this tense are the same as in the present tense - **Ydw/Nac ydw**, **Ydy/Nac ydy** *etc, but you will hear* **Do** *and* **Naddo** *used for Yes and No as well.*

*Cofiwch (remember): *I saw* = Mi wnes i weld. *I have seen* = Dw i wedi gweld.

Also listen out for

Wyt ti wedi gweld y ffilm?	>	**Ti 'di** gweld y ffilm?
Dw i **ddim wedi** gweld y ffilm	>	Dw i **heb** weld y ffilm
	>	**Dw i'm** 'di gweld y ffilm

Defnyddio 'ers'
Using 'ers'

When you're describing a state that hasn't changed over a period of time, use the present tense with 'ers', e.g.

Dw i'n byw 'ma ers pum mlynedd	*I've been living here / have lived here for five years (lit. I am living here since five years)*

If you're talking about an action that has been completed since a certain time, use 'wedi', e.g.

Dw i wedi symud ers pum mlynedd	*I moved five years ago (lit. I have moved since five years)*

Don't worry if you don't understand this for now - it's better to learn from examples.

Cwrs Sylfaen: Uned 5

Nod: Adolygu ac ymestyn - disgrifio person a disgrifio lle
Revision and extension - describing a person and describing a place

1.

Mae o'n dal	*He's tall*
Mae o'n fyr	*He's short*
Mae o'n dew	*He's fat*
Mae o'n denau	*He's thin*
Mae o'n ifanc	*He's young*
Mae o'n hen	*He's old*
Mae o'n olygus	*He's handsome*
Mae o'n hyll	*He's ugly*
Mae o'n foel	*He's bald*
Mae hi'n ddel	*She's pretty*
Mae gynni hi wallt golau	*She's got fair hair*
Mae gynni hi wallt tywyll	*She's got dark hair*
Mae gynni hi wallt syth	*She's got straight hair*
Mae gynni hi wallt cyrliog	*She's got curly hair*
Mae gynni hi wallt brown	*She's got brown hair*
Mae gynni hi wallt du	*She's got black hair*
Mae gynni hi wallt coch	*She's got red hair*
Mae gynno fo locsyn	*He's got a beard*
Mae gynno fo sbectol	*He's got glasses*
Mae o'n enwog	*He's famous*
Mae o'n gyfoethog	*He's rich*
Mae o'n bwysig	*He's important*

Cwrs Sylfaen: Uned 5

 Tasg

Mewn parau, meddyliwch am berson enwog a phump brawddeg i ddisgrifio'r person hwnnw. Mi fydd gweddill y dosbarth wedyn yn ceisio dyfalu pwy ydy'r person enwog.

In pairs, think of a famous person and five sentences to describe that person.
The rest of the class will then try to guess who you're describing.

e.e.

1. Mae o'n dew.	2. Mae o'n foel.	3. Mae o'n felyn.

4. Mae gynno fo dri o blant.	5. Mae o'n byw yn Springfield.

2.

Dan ni'n byw mewn fflat	We live in a flat
Dan ni'n byw mewn tŷ teras	We live in a terrace house
Dan ni'n byw mewn byngalo	We live in a bungalo
Dan ni'n byw ar fferm	We live on a farm
Mae gynnon ni gegin fach	We have a small kitchen
Mae gynnon ni lolfa fawr	We have a large living room
Mae gynnon ni ystafell ymolchi fawr	We have a large bathroom
Mae gynnon ni garej	We have a garage
Mae gynnon ni ardd fawr / fach	We have a large / small garden
Mae sied fawr yn yr ardd	There's a large shed in the garden
Mae o'n lle bach neis	It's a nice little place
Mae o'n dwll o le	It's a dump

 Tasg - deialog

Rhowch y cwestiynau priodol i mewn yn y bylchau ac yna ymarfer y ddeialog.
Put the appropriate questions in the boxes and then practise the dialogue.

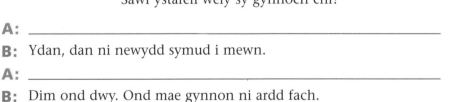

Ers pryd dach chi'n hoffi garddio?
Oes llawer o waith i wneud?
Dach chi'n byw mewn fflat?
Sawl ystafell wely sy gynnoch chi?

A: _____

B: Ydan, dan ni newydd symud i mewn.

A: _____

B: Dim ond dwy. Ond mae gynnon ni ardd fach.

A: _____

B: Mae fy ngwraig i'n mynd i wneud hynny. Dw i'n mynd i weithio ar y fflat.

A: _____

B: Tipyn, oes. Rhaid i mi brynu llyfr DIY neu rywbeth!

Cwrs Sylfaen: Uned 5

Tasg

Ar ddarn o bapur, ysgrifennwch chwe gair sy'n dŵad i'r meddwl am eich tŷ chi, e.e. cegin, gardd, sied, parcio, soffa, teledu, hen, newydd. Mewn grwpiau o dri, siaradwch am le dach chi'n byw.

On a piece of paper, write six words which come to mind about your house, e.g. cegin, gardd, sied, parcio, soffa, teledu, hen, newydd. In groups of three, talk about where you live.

Tasg *speed dating*

Edrychwch ar y lluniau yma. Llenwch y ffurflen yn disgrifio'r bobl, fel tasen nhw mewn noson *speed-dating*. Mi fydd rhaid i chi ddychmygu rhai manylion, yna'u trafod efo'ch partner.

Look at these pictures. Fill in the form describing the people as though they had met in a speed-dating evening. You will have to imagine some details, then discuss them with your partner.

Enw	Enw
Gwaith	Gwaith
Golwg	Golwg
Byw mewn	Byw mewn
Lle	Lle

Gwrando

Gwrandewch ar y tâp a llenwi'r grid. Mi fyddwch chi'n clywed y cyfan dair gwaith.

Listen to the tape and fill in the grid. You will hear everything three times.

Enw	golwg	byw mewn	lle	ystafelloedd	gardd

Geirfa

golwg	-	*appearance*
golygus	-	*good-looking*
parcio	-	*to park*
hyll	-	*ugly*

**Ychwanegwch eirfa
sy'n berthnasol i chi:**
*Add vocabulary that's
relevant to you:*

_____

 # Gramadeg

Cofiwch am y treiglad meddal
wrth ddisgrifio a defnyddio **yn / 'n**:
Remember the treiglad meddal
when describing and using **yn / 'n:**

tew	-	Mae o'n dew
pwysig	-	Mae o'n bwysig
cyfoethog	-	Mae o'n gyfoethog

Dydy berfau **ddim** yn treiglo yma - mae hwn yn **yn / 'n** gwahanol:
*Verbs do **not** have a* treiglad *here - this is a different* **yn / 'n:**

talu	-	Mae o'n talu
prynu	-	Mae o'n prynu
cerdded	-	Mae o'n cerdded

 # Geirfa Graidd - **unedau 1–5**

ardal (b)	-	*area*	golwg	-	*appearance*
cwrdd (â)	-	*to meet*	golygus	-	*good-looking*
cyfoethog	-	*rich*	gorffen	-	*to finish*
cyrraedd	-	*to arrive*	hyll	-	*ugly*
dechrau	-	*to start*	newydd	-	*has/have just (+ TM)*
dewis	-	*to choose*	parcio	-	*to park*
digon	-	*enough*	rhywun	-	*someone*
dŵad yn ôl	-	*to come back*	sawl gwaith	-	*several times*
enwog	-	*famous*	twll o le	-	*a dump*
erioed	-	*ever/never*	unwaith	-	*once*
ers	-	*since*	yn ddiweddar	-	*recently*
gadael	-	*to leave*			

Rhestr gyfair *Check list*

✔ **Ticiwch be' dach chi'n medru wneud.** *Tick what you can do.*

☑ Dw i'n medru siarad am fy manylion personol (enw, lle dw i'n byw, rhif ffôn, oed, gwaith, diddordebau), holi rhywun arall am ei fanylion personol, a siarad am fanylion personol pobl eraill
I can talk about my personal details (name, where I live, telephone number, age, work, interests), ask someone else for their personal details, and talk about the personal details of other people

☑ Dw i'n medru siarad am fy nheulu ac am fy eiddo, holi rhywun arall am ei deulu a'i eiddo, a siarad am deulu ac eiddo pobl eraill
I can talk about my family and possessions, ask someone else about their family and possessions, and talk about other people's family and possessions

☑ Dw i'n medru dweud lle es i ar fy ngwyliau, holi rhywun arall am ei wyliau a siarad am wyliau pobl eraill
I can say where I went on holiday, ask someone else about their holiday, and talk about other people's holidays

☑ Dw i'n medru dweud be' wnes i yn y gorffennol a phryd, holi be' wnaeth rhywun arall yn y gorffennol a phryd a dweud be' wnaeth rhywun arall yn y gorffennol a phryd
I can say what I did in the past and when, ask what someone else did in the past and when, and say what someone else did in the past and when

☑ Dw i'n medru dweud stori yn y gorffennol gan roi digwyddiadau mewn trefn
I can tell a story in the past tense putting events in order

☑ Dw i'n medru dweud be' oedd rhaid i mi wneud
I can say what I had to do

☑ Dw i'n medru rhoi cyngor i rywun gan ddefnyddio **rhaid**
*I can give someone advice using **rhaid***

☑ Dw i'n medru dweud be' dw i wedi wneud ac ers pryd
I can say what I have done and since when I have been doing it

☑ Dw i'n medru holi be' mae rhywun arall wedi wneud ac ers pryd
I can ask what someone else has done and since when they have been doing it

☑ Dw i'n medru dweud be' mae rhywun arall wedi wneud ac ers pryd
I can say what someone else has done and since when they have been doing it

☑ Dw i'n medru dweud be' dw i newydd wneud
I can say what I have just done

☑ Dw i'n medru holi rhywun arall be' mae o neu hi newydd wneud
I can ask someone else what they have just done

☑ Dw i'n medru dweud be' mae rhywun arall newydd wneud
I can say what someone else has just done

☑ Dw i'n medru disgrifio person a lle
I can describe a person and a place

Cwrs Sylfaen: Uned 6

Nod: Trafod problemau a chwyno *Discussing problems and complaining*

1.
Mae rhywbeth yn bod arna i	*There's something the matter with me*
Mae rhywbeth yn bod arno fo	*There's something the matter with him*
Mae rhywbeth yn bod arni hi	*There's something the matter with her*
Does 'na ddim byd yn bod arnon ni	*There's nothing the matter with us*
Does 'na ddim byd yn bod arnat ti	*There's nothing the matter with you*
Does 'na ddim byd yn bod arnoch chi	*There's nothing the matter with you*
Beth sy'n bod arnat ti?	*What's the matter with you?*
Beth sy'n bod arnoch chi?	*What's the matter with you?*
Beth sy'n bod arnyn nhw?	*What's the matter with them?*

 Tasg

Taflu'r disiau - bydd eich tiwtor yn rhoi
disiau i chi ymarfer y patrymau hyn.
*Your tutor will give you dice to
practise these patterns.*

2.
Rwyt ti wedi dweud gormod	*You've said too much*
Mae'n hen bryd i mi ddweud rhywbeth	*It's high time I said something*
Mae o wedi mynd i'r gwaith	*He's gone to work*
Mae'n hen bryd iddo fynd i rywle	*It's high time he went somewhere*
Mae hi wedi gorffen y gwaith	*She's finished the work*
Mae'n hen bryd iddi wneud rhywbeth	*It's high time she did something*
Maen nhw wedi talu am y bwyd	*They've paid for the food*
Mae'n hen bryd iddyn nhw dalu am rywbeth	*It's high time they paid for something*

Tasg

Darllenwch y brawddegau isod. Dwedwch 'Mae'n hen bryd....'
mewn ymateb i'r sefyllfa a ddisgrifir. Cofiwch fod pobl yn hepgor
y geiriau **fo** / **hi** yn aml mewn patrymau fel 'arno **fo**' neu 'iddi **hi**'.

> *Read the sentences below. Say 'Mae'n hen bryd...' in response
> to the situation described. Remember that people often leave
> out the words* **fo** / **hi** *in patterns like* 'arno **fo**' *or* 'iddi **hi**'.

e.e.   Mae'r plant wedi codi

   . . . Mae'n hen bryd iddyn nhw fynd i'r ysgol

Mae John wedi cael digon o weithio! . . .

Mae Mary'n smygu pum deg y dydd! . . .

Dw i'n rhy dew! . . .

Mae'r goleuadau traffig yma ers misoedd! . . .

Mae Gwen yn cwyno drwy'r amser . . .

Dydy Alun ddim yn deall y cyfrifiadur . . .

Mae hi'n bwrw eira ers dyddiau! . . .

Does neb yn gallu siarad Cymraeg yma! . . .

3.		
Mae o'n rhy ddrud		*It's too expensive*
Mae o'n rhy fawr		*It's too big*
Mae o'n rhy anodd		*It's too difficult*
Dw i ddim yn gallu ddeall o		*I can't understand it*
Dw i ddim yn gallu fforddio fo		*I can't afford it*
Dw i ddim yn gallu wneud o		*I can't do it*
Arnat ti mae'r bai		*You're to blame / It's your fault*
Arnoch chi mae'r bai		*You're to blame / It's your fault*
Arno fo oedd y bai		*It was his fault*
Arni hi oedd y bai		*It was her fault*
Ar Sali oedd y bai		*It was Sali's fault*
Arna i mae'r bai?		*Is it my fault?*
Arnoch chi oedd y bai?		*Was it your fault?*
Ia / Naci		*Yes / No*

Tasg - deialog

Efo'ch partner, darllenwch y brawddegau isod a'u gosod yn y drefn iawn.
With your partner, read the sentences below and put them in the correct order.

- [ ] Pam be'? Be' wyt ti isio wybod?
- [ ] Wyt ti'n sâl ers tipyn?
- [ ] Dw i'n gweld. Dyna esbonio pam.
- [ ] Lle mae'r tŷ bach?
- [ ] Oedd, dw i'n meddwl. Be' oedd ynddo fo?
- [ ] Nac ydw, dim ond ers i ni gael swper.
- [ ] Oes. Dw i ddim yn teimlo'n rhy dda.
- [ ] Ga i ofyn rhywbeth i ti?
- [ ] Cei, wrth gwrs. Oes rhywbeth yn bod?
- [ ] Tipyn bach o bopeth, a be' oedd ar ôl ers ddoe.
- [ ] Be'? Oedd rhywbeth yn bod ar y bwyd?

 # Geirfa

esbonio	-	*to explain*
ynddo fo	-	*in it*
		(compare with arno fo*)*
ar ôl	-	*left over*

**Ychwanegwch eirfa
sy'n berthnasol i chi:**
*Add vocabulary that's
relevant to you:*

_____

_____

_____

_____

Tasg - ysgrifennu a siarad

Edrychwch ar y ffotograff o ddamwain car.
Mewn parau, meddyliwch am frawddegau
Cymraeg fasai'n ddefnyddiol mewn sefyllfa fel hon.
Peidiwch â meddwl be' dach chi isio ddweud,
ond be' dach chi'n medru ddweud.

*Look at the photograph of a car accident.
In pairs, think of Welsh sentences which
would be useful in a situation like this.
Don't think what you want to say, but
what you can say.*

Gramadeg

1. Yn yr ymadrodd 'Mae rhywbeth yn bod ar John', ystyr 'ar' ydy 'with'. Fel arfer, 'on' ydy'r ystyr. Mae'n newid os oes gair fel fi / i / ti / fo / hi / ni / chi / nhw yn dŵad ar ei ôl. Dyma'r patrwm mewn tabl taclus:

In the phrase 'Mae rhywbeth yn bod ar John', the word 'ar' means 'with'. Usually, it means 'on'. It changes if there is a word like fi / i / ti / fo / hi / ni / chi / nhw *following. Here is the pattern in a neat table:*

ar John	arna i	*on me/with me*
	arnat ti	*on you/with you*
	arno fo	*on him/with him*
	arni hi	*on her/with her*
	arnon ni	*on us/with us*
	arnoch chi	*on you/with you*
	arnyn nhw	*on them/with them*

2. Mae'r patrwm yn debyg i'r gair bach 'i' mewn ymadrodd fel 'Mae'n hen bryd iddo fo fynd', neu 'Rhaid iddyn nhw fynd'. Dyma'r patrwm yma eto mewn tabl:

The pattern is similar for the little word 'i' in phrases like 'Mae'n hen bryd iddo fo fynd', or 'Rhaid iddyn nhw fynd'. Here's this pattern again in a table:

i Mair	i mi	*to me/for me*
	i ti	*to you/for you*
	iddo fo	*to him/for him*
	iddi hi	*to her/for her*
	i ni	*to us/for us*
	i chi	*to you/for you*
	iddyn nhw	*to them/for them*

3. Mewn ymadrodd fel 'Dw i ddim yn gallu ddeall o', mae'r treiglad ar ddechrau 'deall' wedi ei achosi gan 'ei' sydd ddim yn cael ei ddweud. Weithiau, mi fyddwch chi'n gweld y fersiwn llawn yn cael ei ysgrifennu, e.e. 'Dw i ddim yn gallu ei ddeall o'. Mae'n ddigon derbyniol hepgor y gair bach 'ei' mewn brawddegau fel hyn.

In phrases like 'Dw i ddim yn gallu ddeall o', the treiglad *at the beginning of* deall *is caused by an* ei *which is not pronounced. Sometimes, you will see the full version being written, e.g. 'Dw i ddim yn gallu ei ddeall o'. It's quite acceptable to leave the small word* ei *out in sentences like this one.*

Cwrs Sylfaen: Uned 7

1.

Mae Bryn yn iawn	*Bryn's fine*
Dw i'n meddwl bod Bryn yn iawn	*I think (that) Bryn's fine*
Mae Siân yn barod	*Siân's ready*
Dw i'n meddwl bod Siân yn barod	*I think Siân's ready*
Mae'r plant yn sâl	*The children are ill*
Dw i'n meddwl bod y plant yn sâl	*I think the children are ill*
Mae'r tiwtor yn hwyr	*The tutor's late*
Dw i'n meddwl bod y tiwtor yn hwyr	*I think the tutor's late*
Mae gan Bryn gur pen	*Bryn's got a headache*
Dw i'n meddwl bod gan Bryn gur pen	*I think Bryn's got a headache*
Mae gan Siân broblem	*Siân's got a problem*
Dw i'n meddwl bod gan Siân broblem	*I think Siân's got a problem*

 Tasg

Bydd eich tiwtor yn rhoi cardiau fflach i chi ymarfer brawddegau fel rhai 1.
Your tutor will give you flash cards to practise sentences like the ones in 1.

e.g. Bryn + iawn = Dw i'n meddwl bod Bryn yn iawn

2.

Dw i'n dwp	*I'm stupid*
Dw i'n meddwl mod i'n dwp	*I think (that) I'm stupid*
Rwyt ti'n barod	*You're ready*
Dw i'n meddwl fod ti'n barod	*I think you're ready*
Dach chi'n iawn	*You're right*
Dw i'n meddwl bod chi'n iawn	*I think you're right*

Mae o'n well	*He's better*
Dw i'n meddwl fod o'n well	*I think he's better*
Mae hi'n iawn	*She's fine*
Dw i'n meddwl bod hi'n iawn	*I think she's fine*
Dan ni'n iawn	*We're fine*
Dw i'n meddwl bod ni'n iawn	*I think we're fine*
Be' wyt ti'n feddwl o Harry Potter?	*What do you think of Harry Potter?*
Be' wyt ti'n feddwl o Dr Who?	*What do you think of Dr Who?*
Be' ydy dy farn di am *Lord of the Rings*?	*What's your opinion of* Lord of the Rings?

Tasg
Dwedwch eich barn am y bobl yma:
Express your opinion about these people:

3.

Dw i'n credu mod i'n iawn	*I think I'm fine / right*
Ella fod ti'n iawn	*Perhaps you're fine / right*
Dw i'n siŵr bod hi'n iawn	*I'm sure she's fine / right*
Gobeithio bod ni ddim yn iawn	*I hope we're not right*
Ro'n i'n meddwl fod o'n ofnadwy	*I thought it was terrible*
Ro'n i'n meddwl bod hi'n dda	*I thought it was good*
Dwedodd Siân bod nhw'n wych	*Siân said they were excellent*

Tasg

Trafodwch y rhaglenni, y ffilmiau a'r llyfrau hyn gan ddefnyddio'r sbardunau.

Discuss these programmes, films and books using the prompts.

Harry Potter	-	da iawn
Jaws	-	cyffrous
Lord of the Rings	-	iawn i blant
Star Wars	-	ofnadwy
Pride & Prejudice	-	diflas
Bridget Jones	-	addas i ferched
The Da Vinci Code	-	gwych
Coronation Street	-	digri

Deialog

A: Dw i'n **dwp**.
B: Dw i ddim yn meddwl fod ti'n **dwp**.
A: Dwedodd **Bryn** mod i.
B: Paid â gwrando arn**o** fo.
A: Ond ella **fod o**'n iawn.
B: Wel, dw i ddim yn meddwl **fod o**.

Geirfa

digri	-	*funny*
ella/efallai	-	*perhaps*
gwych	-	*wonderful, brilliant*
ofnadwy	-	*terrible*

Ychwanegwch eirfa sy'n berthnasol i chi:

Add vocabulary that's relevant to you:

_____

_____

_____

 # Gramadeg

 1. Mae'n hawdd ffurfio patrwm efo **bod**, e.e. Dw i'n meddwl bod Bryn yn iawn.
Rhaid cofio dileu'r **Mae** o'r ail ran:

> *It's easy to form the pattern with **bod**, e.g. Dw i'n meddwl bod Bryn yn iawn.*
> *You must remember to delete the **Mae** from the second part:*

Dw i'n meddwl + Mae Bryn yn iawn   = Dw i'n meddwl bod Bryn yn iawn.

 2. Mae'r treigladau efo **bod** / **fod** yn edrych yn gymhleth, ond dyn nhw ddim yn
bwysig iawn. Y rheswm dros y treiglad yw bod geiriau bach fel **fy** / **dy** / **ei** ar goll
o flaen y **bod**. Weithiau byddwch chi'n gweld y rhain wedi eu hysgrifennu'n llawn:

> *The mutations with **bod** / **fod** look complicated, but aren't very important.*
> *The reason for the mutation is that small words such as **fy** / **dy** / **ei** are*
> *missing before **bod**. Sometimes you'll see these written fully:*

Dw i'n meddwl	fy	mod	i'n iawn
	dy	fod	ti'n iawn
	ei	fod	o'n iawn
	ei	bod	hi'n iawn
	ein	bod	ni'n iawn
	eich	bod	chi'n iawn
	eu	bod	nhw'n iawn

Mae'r gair bach cyntaf yn cael ei hepgor wrth siarad yn aml. Gwrandewch hefyd am:
> *The first small word is often left out in speech. Also listen out for:*

bo fi	bo ni
bo ti	bo chi
bod o	bo nhw
bod hi	

 3. Mae modd defnyddio'r rhan **bod** i gyfleu'r presennol neu'r gorffennol, e.e.
> *The **bod** part of the sentence can be used to convey the past or present, e.g.*

Dw i'n meddwl bod Bryn yn iawn.   = *I think Bryn is fine / I think Bryn was fine.*

 4. I ddweud 'it' yn Gymraeg, defnyddiwch **o/fo**. Os dach chi'n siarad am y
tywydd, neu'r amser, neu'n gwybod bod y peth yn fenywaidd, defnyddiwch **hi**.
> *To say 'it' in Welsh, use **o/fo**. If you're talking about the weather,*
> *or about time, or know the thing is feminine, use **hi**.*

Tasg - holiadur

Mynegi barn. Rhaid i chi feddwl am ddau beth ychwanegol i holi pobl yn eu cylch.

Expressing an opinion. You must think of two other things to ask people about.

Enw	Criced	Y Beatles	Margaret Thatcher	Caerdydd		

Dyma rai geiriau ychwanegol y gallwch chi eu defnyddio:

Here are some extra words you can use:

treisgar	-	*violent*
prysur	-	*busy*
hollol dwp	-	*completely stupid*
trist	-	*sad*
gwarthus	-	*disgraceful*

 Tasg - siarad am ffilmiau neu raglenni teledu

Mi fydd eich tiwtor yn gofyn i chi ddewis ffilm neu raglen deledu.

Ysgrifennwch eiriau defnyddiol i siarad am y ffilm neu'r rhaglen.

Mi fydd rhaid i chi drafod y ffilm neu'r rhaglen o'ch dewis mewn grwpiau.

Your tutor will ask you to choose a film or television programme.

Write down useful words to talk about the film or programme.

You will have to discuss the film or the programme of your choice in groups.

Cwrs Sylfaen: Uned 8

Nod: Disgrifio yn y gorffennol *Describing in the past*

1. Ro'n i'n byw yn Abertawe — *I used to live in Swansea*
Ro'n i'n gweithio mewn swyddfa — *I used to work in an office*
Ro'n i'n arfer mynd i'r Llew Du — *I used to go to the Black Lion*
Ro'n i'n chwarae golff bob dydd Sadwrn — *I used to play golf every Saturday*
Ro'n i'n nabod Catherine Zeta Jones — *I used to know Catherine Zeta Jones*

Lle oeddet ti'n byw? — *Where did you use to live?*
Lle oeddet ti'n gweithio? — *Where did you use to work?*
Be' oeddet ti'n arfer wneud? — *What did you use to do?*

Oeddet ti'n nabod Catherine Zeta Jones? — *Did you know / Did you use to know Catherine Zeta Jones?*

Oeddech chi'n nabod Catherine Zeta Jones? — *Did you know / Did you use to know Catherine Zeta Jones?*

O'n, ro'n i'n byw drws nesa iddi hi — *Yes, I used to live next door to her*
Nac o'n, do'n i ddim yn ei nabod hi — *No, I didn't know her*

Tasg

Mewn parau, cymerwch eich tro i fynd drwy'r sbardunau hyn, gan ddefnyddio'r brawddegau uchod:

In pairs, take it in turns to go through these prompts, using the above sentences:

1. Aberystwyth • banc • King's Head • tennis • Dafydd Wigley

2. Bangor • ysgol • Globe • sboncen • Julie Christie

3. Llandrindod • ar fferm • Llew Du • criced • Siân Lloyd

4. Llundain • amgueddfa • Crown • dartiau • Bill Clinton

Tasg - y flwyddyn

Mae'n hawdd dweud y flwyddyn yn
Gymraeg: dwedwch **Ym mil + y tri rhif nesaf**.
O 2,000 ymlaen, rhaid dweud **Yn nwy fil a ....**

It's easy to refer to the year in Welsh:
say **Ym mil** + *the next three digits.*
From 2,000 onwards, you must say **Yn nwy fil a ...**

1980	1874
1845	1998
1965	1903
2004	2010
1405	1995

Tasg - grid gwybodaeth

Llenwch y grid o'r rhestri a gofynnwch i'ch partner lle oedd o/hi'n
byw, lle oedd o/hi'n gweithio ac a oedd o/hi'n nabod y person yn y golofn olaf.

Fill in the grid from the lists and ask your partner where he/she used to
live, used to work and whether he/she knew the person in the last column.

Byw: Castell-nedd, Caerfyrddin, Caerdydd, Abertawe, Aberystwyth,
America, Awstralia, Llundain, Llanelli, Bangor, Wrecsam

Gweithio: mewn swyddfa, ar fferm, mewn ysgol, mewn siop, i'r cyngor,
fel dyn tân, efo'r heddlu, mewn ffatri, fel garddwr, mewn ysbyty

Blwyddyn	Byw	Gwaith	Nabod
1979			Mari ✗
1983			Siôn ✔
1989			Jac ✗
1992			Eleri ✗
2001			Elin ✗

2.

Roedd o'n ifanc	*He was young*
Roedd o'n hen	*He was old*
Roedd hi'n dal	*She was tall*
Roedd hi'n fyr	*She was short*
Roedd o'n gwisgo het	*He wore a hat*
Roedd hi'n gwisgo sbectol	*She wore spectacles*
Roedd gynno fo wallt hir	*He had long hair*
Roedd gynni hi wallt byr	*She had short hair*
Oedd o'n ifanc?	*Was he young?*
Oedd gynni hi wallt hir?	*Did she have long hair?*
Oedd, roedd o'n ifanc iawn	*Yes, he was very young*
Nac oedd, ond roedd hi'n bert iawn	*No, but she was very pretty*

Tasg - disgrifio'r bobl

Edrychwch ar y lluniau yma o bobl weloch chi ddoe. Disgrifiwch nhw i'ch partner.
Look at these pictures of people you saw yesterday. Describe them to your partner.

Percy

Arthur

Gavin

Noreen

Lance

Maureen

Eileen

Frank

Colleen

Doreen

3.

Pan o'n i'n ifanc, ro'n i'n arfer...	*When I was young I used to...*
gwisgo 'platfforms'	*wear platforms*
darllen y Beano	*read the Beano*
bwyta Wagon Wheels	*eat Wagon Wheels*
chwarae rygbi / hoci	*play rugby / hockey*
Oeddech chi'n arfer gwisgo 'flares'?	*Did you use to wear 'flares'?*
O'n, pan o'n i'n ifanc	*Yes, when I was young*
Nac o'n, do'n i ddim yn gwisgo 'flares'	*No, I didn't use to wear 'flares'*

Tasg - siarad am y dyddiau a fu

Gofynnwch i'ch partner am bethau roeddech chi'n arfer gwneud pan oeddech chi'n ifanc. Dyma rai syniadau:

Ask your partner about things you used to do when you were young. Here are some ideas:

edrych ar 'Thunderbirds'

mynd i'r ysgol Sul

mynd ar wyliau i Butlins

bwyta *sherbert fountains*

darllen Enid Blyton

Tasg - y tlawd a'r cyfoethog

Dach chi'n mynd i siarad am bobl oedd yn arfer bod yn gyfoethog. Meddyliwch am sut mae eu bywydau wedi newid. Ysgrifennwch un gair ym mhob bwlch a thrafod â'ch partner.

You're going to talk about people who used to be rich. Think about how their lives have changed. Write one word in each gap and discuss with your partner.

	Rŵan maen nhw'n....	Pan oedden nhw'n gyfoethog....
	Rŵan maen nhw'n byw mewn sied ym Merthyr Tudful.	Pan oedden nhw'n gyfoethog, roedden nhw'n arfer byw yn y Bahamas.
byw:	*Merthyr Tudful*	*Bahamas*
bwyta:		
yfed:		
gyrru:		
darllen:		
gwrando ar:		
siopa yn:		
mynd ar wyliau i:		
chwarae:		

Deialog

A: Pan o'n i'n blentyn ro'n i'n arfer **bwyta malwod**.

B: Oeddet ti wir?

A: O'n, a phan o'n i'n ifanc roedd gen i **wallt hir oren**.

B: Duw, Duw! Lle oeddet ti'n byw?

A: Ro'n i'n byw **ym Mhort Talbot**.

B: Oeddet ti'n nabod **Anthony Hopkins**?

A: O'n, wrth gwrs. Roedd o yn yr un dosbarth â fi.

# Gramadeg

The imperfect tense - *was/were* - tends to be used with **gwybod, nabod, hoffi/lico,
byw, meddwl**, rather than the past tense, e.g.

> *I lived* - **Ro'n i'n byw** - *I was living, I used to live*
> *I knew (a person/place)* - **Ro'n i'n nabod** - *I was knowing, I used to know*

The Imperfect Tense – Yr Amherffaith

Ro'n i	O'n i?	Oeddet/Nac oeddet	Do'n i ddim
Roeddet ti	Oeddet ti?	O'n/Nac o'n	Doeddet ti ddim
Roedd o	Oedd o?	Oedd/Nac oedd	Doedd o ddim
Roedd hi	Oedd hi?	Oedd/Nac oedd	Doedd hi ddim
Roedden ni	Oedden ni?	Oedden/Nac oedden	Doedden ni ddim
Roeddech chi	Oeddech chi?	O'n/Nac o'n	Doeddech chi ddim
Roedden nhw	Oedden nhw?	Oedden/Nac oedden	Doedden nhw ddim

As the above come from the verb 'bod'
(to be) **'n** or **yn** is usually needed, e.g.

> Ro'n i**'n** mynd
> Doedd hi ddim **yn** byw

- unless saying where something
or someone was, e.g.

> Roedden nhw **ar** y llawr
> *They were **on** the floor*
> Roedd hi **yn** y tŷ
> *She was **in** the house*

Also listen out for:

The 'R' of the statement and the 'D' of
the negative are often dropped in everyday
speech, e.g.

O'n i	*I was*
O'n i ddim	*I wasn't*
O'n i?	*Was I?*

The tone of voice will show the difference
between the question and the statement.

Geirfa

arfer	-	*used to*
cyngor	-	*council*
drws nesa	-	*next door*
ffatri (b)	-	*factory*
garddwr	-	*gardener*
gwisgo	-	*to wear*
heddlu	-	*police*
het (b)	-	*hat*
hir	-	*long*
ifanc	-	*young*
malwod	-	*snails*
nabod	-	*to know (a person)*
tlawd	-	*poor*
yr un ... â	-	*the same...as*

Cwrs Sylfaen: Uned 9

Nod: Trafod beth sy'n well gynnoch chi wneud a'ch hoff / gas bethau
Discussing what you prefer to do and your favourite things / things you hate

1. Mae'n well gen i goffi na the	*I prefer coffee to tea*
Mae'n well gen i olchi'r llestri na smwddio	*I prefer washing dishes to ironing*
Mae'n well gen i basta na reis	*I prefer pasta to rice*
Mae'n well gen i bysgota na garddio	*I prefer fishing to gardening*
Mae'n well gen i *Pobl y Cwm* na *Coronation Street*	*I prefer Pobl y Cwm to Coronation Street*
Mae'n well gen i fynd i'r dafarn nag edrych ar y teledu	*I prefer going to the pub to watching television*
Beth sy' orau gen ti? Te neu goffi?	*What do you prefer? Tea or coffee?*
Ydy'n well gen ti de neu goffi?	*Do you prefer tea or coffee?*

Te a choffi	Te neu goffi
Reis a phasta	Reis neu basta
Coffi a the	Coffi neu de

a / ac	*and*
na / nag	*than*
neu	*or*

🔡 Gramadeg

Mae treiglad meddal ar ôl **neu** (*or*).
Mae treiglad llaes (TCP) ar ôl **a** (*and*).
Mae treiglad llaes (TCP) ar ôl **na** (*than / to*).
Mae **na** yn troi yn **nag** o flaen llafariaid (*before vowels*).

Tasg - cardiau sbardun

Edrychwch ar y lluniau bach a'u trafod. Be' sy' orau gynnoch chi?

Mi fydd y tiwtor yn rhoi rhagor o gardiau i chi ymarfer y patrwm hwn mewn parau.

Look at these pictures and discuss them. What do you prefer?

Your tutor will give you more cards to practise this pattern in pairs.

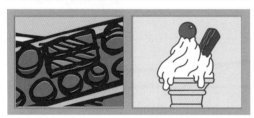 

2. Mae'n gas gen i fwydo'r gath	*I hate feeding the cat*
Mae'n gas gen i fynd â'r ci am dro	*I hate taking the dog for a walk*
Mae'n gas gen i siopa am ddillad	*I hate shopping for clothes*
Mae'n gas gen i yrru i'r gwaith	*I hate driving to work*
Dw i'n casáu ffonau symudol	*I hate mobile phones*
Dw i'n casáu cyfrifiaduron	*I hate computers*
Fy nghas beth i ydy edrych ar operâu sebon	*The thing I hate most is watching soap operas*
Fy nghas beth i ydy colli cerdyn credyd	*The thing I hate most is losing my credit card*
Fy nghas beth i ydy talu biliau	*The thing I hate most is paying bills*
Be' sy'n gas gynnoch chi wneud?	*What do you hate doing?*
Be' dach chi'n casáu wneud?	*What do you hate doing?*
Be' dach chi ddim yn hoffi wneud?	*What don't you like doing?*
Be' ydy'ch cas beth chi?	*What is the thing you hate most?*

Tasg - holiadur

Meddyliwch am dri pheth dach chi ddim yn hoffi wneud. Yna, ewch o gwmpas y dosbarth yn holi pum person arall am eu cas bethau.

Think of three things you don't like doing. Then, go around the class asking five other people about the things they hate doing.

Enw	Ddim yn hoffi	Ddim yn hoffi	Ddim yn hoffi

3. Fy hoff fwyd i ydy pasta — *My favourite food is pasta*
Fy hoff ddiod i ydy lager — *My favourite drink is lager*
Fy hoff lyfr i ydy *Harry Potter* — *My favourite book is Harry Potter*
Fy hoff raglen i ydy *Ffermio* — *My favourite programme is Ffermio*
Fy hoff beth i ydy bwyta allan — *My favourite thing is eating out*

neu Pasta ydy fy hoff fwyd i — *Pasta is my favourite food*
Lager ydy fy hoff ddiod i — *Lager is my favourite drink*

Be' ydy'ch hoff fwyd chi? — *What's your favourite food?*
Be' ydy'ch hoff ddiod chi? — *What's your favourite drink?*
Be' ydy'ch hoff lyfr chi? — *What's your favourite book?*
Be' ydy'ch hoff raglen chi? — *What's your favourite programme?*
Be' ydy'ch hoff beth chi? — *What's your favourite thing?*

Tasg - gwaith pâr

Efo'ch partner, trafodwch (*discuss*) be' ydy'ch hoff fwyd, eich hoff ddiod, eich hoff lyfr, eich hoff raglen, eich hoff beth.

4. Pa fath o fwyd dach chi'n hoffi?   *What sort of food do you like?*
Pa fath o raglen dach chi'n hoffi?   *What sort of programme do you like?*
Pa fath o raglen ydy *Pobl y Cwm*?   *What sort of programme is* Pobl y Cwm?

Rhaglen newyddion ydy hi   *It's a news programme*
Rhaglen ddogfen ydy hi   *It's a documentary programme*
Rhaglen chwaraeon ydy hi   *It's a sports programme*
Rhaglen gomedi ydy hi   *It's a comedy programme*
Rhaglen gylchgrawn ydy hi   *It's a magazine programme*
Rhaglen 'ffordd o fyw' ydy hi   *It's a lifestyle programme*
Rhaglen sgwrsio ydy hi   *It's a chat show*
Opera sebon ydy hi   *It's a soap opera*

  Tasg - Beth sy ar y teledu? Darllen a Dyfalu
What's on television? Reading and Guessing

Efo'ch partner, edrychwch ar y rhestr o raglenni sy ar y teledu heno.
Does dim rhaid i chi ddeall pob gair. Trafodwch pa fath o raglenni ydyn nhw.
With your partner, look at the list of programmes on television tonight.
You don't need to understand every word. Discuss what sort of programmes they are.

5.00 **UNED 5**
Rhaglen gylchgrawn i bobl ifanc
yn cynnwys eitemau, cystadlaethau
a gwesteion arbennig.

6.00 **AR Y LEIN**
Cyfle arall i weld rhaglen ola'r
gyfres sy'n dilyn taith Bethan
Gwanas o amgylch y byd. Yn y
rhaglen hon mi fydd hi'n ymweld
ag Ynysoedd Blasged oddi ar
arfordir Iwerddon; Dingle, Killarney,
Youghal a Waterford, cyn croesi
Môr Iwerddon a gorffen y daith
yn Llanymddyfri.

6.30 **04 WAL**
Yn y rhifyn hwn o 04 Wal, mi fydd
Aled Samuel yn ymweld â fflat
gyfoes ym Mae Caerdydd, cartref
artist ger Penrhyndeudraeth a
thŷ hynafol yn Nyffryn Nantlle.

7.00 **WEDI 7**
Mi fydd y canwr Bryn Fôn yn siarad
ag Angharad Mair yn y stiwdio.

7.30 **NEWYDDION**

7.55 **Y TYWYDD**

8.00 **POBL Y CWM**
Beth sy'n digwydd i Stacey?
Sut mae Kelly'n teimlo?
Straeon y dydd o Gwm Deri.

8.30 **NOSON LAWEN**
Noson o hwyl a chwerthin,
yng nghwmni Ifan Gruffydd,
o fferm ger Pencader. Hefyd, mi
fydd côr Newyddion Da yn canu.

drosodd ➜

9.20 Y SINGHS
Rhaglen arbennig yn bwrw golwg dros ddoniau anhygoel dwy chwaer a brawd o Landybie ger Llandeilo, sydd eisoes wedi gwneud enw iddyn nhw eu hunain yn y byd cerddorol. Mae Rakhi Singh sy'n 23 oed, ei brawd Davi sy'n 20 oed, a'u chwaer Simmy sy'n 15 oed yn canu'r ffidil i safon broffesiynol, a phob un o'r tri am ennill ei fara menyn fel chwaraewyr proffesiynol. Mi fydd

y rhaglen hon yn dilyn hynt a helynt y tri ac yn eu dangos yn perfformio gyda'i gilydd.

10.10 RYGBI'R BYD
Gemau'r penwythnos o gynghrair Ffrainc a'r gêm fawr rhwng Seland Newydd ac Awstralia.

Cofiwch edrych ar S4C - am ragor o fanylion, edrychwch ar y wefan www.s4c.co.uk

 # Geirfa

bwydo	- *to feed*
cerddorol	- *musical*
cyfres (b)	- *series*
cynghrair (b)	- *league*
cystadleuaeth (cystadlaethau) (b)	- *competition(s)*
ffôn symudol	- *mobile phone*
golchi'r llestri	- *to wash the dishes*
gwefan (b)	- *website*
gwestai (gwesteion)	- *guest(s)*
manylion	- *details*
opera sebon (b)	- *soap opera*
pobl ifanc	- *young people*
reis	- *rice*
rhaglen (b)	- *programme*
rhaglen 'ffordd o fyw'	- *lifestyle programme*
rhaglen chwaraeon	- *sports programme*

Ychwanegwch eirfa sy'n berthnasol i chi:
Add vocabulary that's relevant to you:

rhaglen ddogfen	- *documentary programme*
rhaglen gomedi	- *comedy programme*
rhaglen gylchgrawn	- *magazine programme*
rhaglen newyddion	- *news programme*
rhaglen sgwrsio	- *chat show*
w driphlyg	- *www*

Cwrs Sylfaen: Uned 10

Nod: Adolygu ac ymestyn *Revision and extension*

1.

Dw i'n meddwl bod Bryn yn iawn	*I think Bryn's fine / right*
Dw i'n meddwl bod Siân yn barod	*I think Siân's ready*
Dw i'n meddwl bod y plant yn mynd	*I think the children are going*
Ro'n i'n meddwl fod o'n iawn	*I thought he was fine / right*
Ro'n i'n meddwl bod hi'n barod	*I thought she was ready*
Ro'n i'n meddwl bod nhw'n mynd	*I thought they were going*
Be' dach chi'n feddwl o...	*What do you think of...*
Be' oeddech chi'n feddwl o...	*What did you think of...*

Tasg

Efo'ch partner, trafodwch y bobl yn y ffotograffau.
Be' dach chi'n feddwl ohonyn nhw?

> *With your partner, discuss the people in the photographs.*
> *What do you think of them?*

2.

Dw i'n siwr bod rhywbeth yn bod arno fo	*I'm sure there's something the matter with him*
Dw i'n siwr bod rhywbeth yn bod arni hi	*I'm sure there's something the matter with her*
Ella bod rhywbeth yn bod ar y plant	*Perhaps there's something the matter with the children*
Ella bod rhywbeth yn bod arnyn nhw	*Perhaps there's something the matter with them*
Oes rhywbeth yn bod ar John?	*Is there something the matter with John?*
Oes rhywbeth yn bod ar Siân?	*Is there something the matter with Siân?*

Tasg - ffitio'r disgrifiad

Pwy neu be' sy'n ffitio'r disgrifiad? Efo'ch partner, meddyliwch
am rywun neu rywbeth sy'n ffitio'r ansoddeiriau yn y rhestr, e.e. **diflas** -
Dan ni'n meddwl bod *Eastenders* yn ddiflas.

*Who or what fits the description? With your partner, think of someone or something that
fits the adjectives in the list, e.g.* **diflas** *- Dan ni'n meddwl bod Eastenders yn ddiflas.*

cyffrous	gwreiddiol
golygus	talentog
doniol	hyll
plentynnaidd	blasus

3.

Ro'n i'n byw yn Llundain ym 1985	*I lived in London in 1985*
Ro'n i'n gweithio fel nyrs ym 1985	*I worked as a nurse in 1985*
Roedd gen i Ford Cortina ym 1985	*I had a Ford Cortina in 1985*
Lle oeddech chi'n byw ym 1985?	*Where did you live in 1985?*
Be' oeddech chi'n wneud ym 1985?	*What did you do in 1985?*
Be' oeddech chi'n yrru ym 1985?	*What were you driving in 1985?*

Tasg - grid y gorffennol

Llenwch y bylchau yn y grid, a dewis unrhyw flwyddyn i'w rhoi yn y rhes olaf.
Does dim rhaid i chi ddweud y gwir! Yna, trafodwch â'ch partner.

Fill in the gaps in the grid, and choose any year to put in the last row.
You do not have to tell the truth! Then, discuss with your partner.

Blwyddyn	Byw	Gweithio	Gyrru
1969			
1975			
1989			
2001			

4. Mae'n well gen i fynd am dro
na darllen

I prefer going for a walk to reading

Mae'n well gen i ddarllen nag
edrych ar y teledu

I prefer reading to watching television

Mae'n well gen i edrych ar y
teledu na smwddio

I prefer watching television to ironing

Mae'n well gen i smwddio
na golchi'r llestri

I prefer ironing to washing the dishes

Gêm gadwyn
Rhaid i chi feddwl am
weithgaredd neu unrhyw beth
sy'n waeth na beth ddwedwyd
gan y person o'ch blaen. Mi
fydd y tiwtor yn helpu.

*You must think of
an activity or anything
which is worse than
what was said by
the person before you.
Your tutor will help.*

5.

Fy hoff fwyd i ydy pasta	*My favourite food is pasta*
Fy hoff ddiod i ydy gwin coch	*My favourite drink is red wine*
Fy hoff raglen i ydy *Pobl y Cwm*	*My favourite programme is Pobl y Cwm*
Fy hoff ganwr i ydy Pavarotti	*My favourite singer (m) is Pavarotti*
Fy hoff gantores i ydy Katherine Jenkins	*My favourite singer (f) is Katherine Jenkins*
Fy hoff actor i ydy Ioan Gruffudd	*My favourite actor (m) is Ioan Gruffudd*
Fy hoff actores i ydy Catherine Zeta Jones	*My favourite actor (f) is Catherine Zeta Jones*

Be' ydy dy hoff fwyd di?	*What's your favourite food?*
Be' ydy ei hoff fwyd o?	*What's his favourite food?*
Be' ydy ei hoff fwyd hi?	*What's her favourite food?*
Pwy ydy'ch hoff actor / actores chi?	*Who's your favourite actor?*
Pwy ydy'ch hoff ganwr / gantores chi?	*Who's your favourite singer?*

Tasg - hoff actorion a chantorion

Mewn grwpiau o dri, trafodwch eich hoff actor/actores a'ch hoff ganwr/gantores. Ysgrifennwch restr o dri ym mhob categori a thrafod i weld pwy ydy hoff actor/actores a hoff ganwr/gantores y grŵp cyfan. Yna mi fydd eich tiwtor yn gofyn i chi pwy dach chi wedi eu dewis, a'ch rheswm dros eich dewis.

In groups of three, discuss your favourite actor (male and female) and your favourite singer (male and female). Write a list of three for each category and come to a decision as a group as to your favourite. Your tutor will then ask you who you have chosen, and the reason for your choice.

Ein hoff actor ni ydy: _____

Ein hoff actores ni ydy: _____

Ein hoff ganwr ni ydy: _____

Ein hoff gantores ni ydy: _____

Dan ni'n meddwl fod o'n... _____

Dan ni'n meddwl bod hi'n... _____

Deialog

A: Mae'n hen bryd i ti orffen.

B: Wyt ti'n meddwl mod i'n mynd yn rhy hen?

A: Rwyt ti wedi troi chwe deg.

B: Mae fy nghoesau i'n gweithio'n iawn!

A: Ond rwyt ti'n edrych yn flinedig.

B: Dim arna i mae'r bai am hynny.

A: Be' sy'n bod arnat ti felly?

B: Dw i wedi bod yn rhedeg ers tair awr!

Newidiwch y ddeialog i siarad am Trefor, e.e. Mae'n hen bryd i Trefor orffen.
Change the dialogue to talk about Trefor.

Gwrando

Gwrandewch ar y drafodaeth hon am raglennni teledu neithiwr a llenwch y grid gwybodaeth.
Mi fyddwch chi'n clywed y ddeialog dair gwaith. Does dim rhaid i chi ddeall popeth!

Listen to this discussion about last night's television programmes and fill in the information grid. You will hear the dialogue three times. You don't need to understand everything!

Enw'r rhaglen	Amser	Pa fath...	Barn

Ar ôl gorffen, trafodwch yr wybodaeth yn eich grid efo'ch partner.
After finishing, discuss the information in your grid with your partner.

Mastermind!

Be' wyt ti'n feddwl o Tony Blair?
Be' oeddet ti'n feddwl o'r Rolling Stones?
Lle oeddet ti'n byw ym 1989?
Be' oeddet ti'n wneud ym 1989?
Ydy'n well gen ti de neu goffi yn y bore?
Be' wyt ti ddim yn hoffi wneud?
Be' ydy dy hoff fwyd di?
Be' ydy dy hoff ddiod di?
Pwy ydy dy hoff ganwr / gantores di?
Pwy ydy dy hoff actor / actores di?

**Ychwanegwch eirfa
sy'n berthnasol i chi:**
*Add vocabulary that's
relevant to you:*

 Geirfa

anfon tecst	-	*to send a text*
barn (b)	-	*opinion*
blasus	-	*tasty*
cân (caneuon) (b)	-	*song(s)*
cefn gwlad	-	*countryside*
cyffrous	-	*exciting*
cymharu	-	*to compare*
cytuno	-	*to agree*
e-bost	-	*e-mail*
ffordd o fyw (b)	-	*way of life*
naturiol	-	*natural*
plentynnaidd	-	*childish*
prisiau tai	-	*house prices*
talentog	-	*talented*

Rhestr gyfair *Check list*

✔ **Ticiwch be' dach chi'n medru wneud.** *Tick what you can do.*

☑ Dw i'n medru dweud bod rhywbeth yn bod arna i ac ar bobl eraill
I can say something is the matter with me and with other people

☑ Dw i'n medru holi be' sy'n bod ar rywun arall
I can ask what's wrong with someone else

☐ Dw i'n medru dweud bod hi'n hen bryd i mi wneud rhywbeth
I can say it's high time I did something

☐ Dw i'n medru dweud bod hi'n hen bryd i rywun arall wneud rhywbeth
I can say it's high time someone else did something

☐ Dw i'n medru dweud mai ar rywun neu rywbeth mae'r bai
I can say it's someone or something's fault

☐ Dw i'n medru dweud bod rhywbeth yn rhy anodd, rhy ddrud etc.
I can say something is too difficult, too expensive etc.

☐ Dw i'n medru mynegi barn drwy ddefnyddio **bod**
*I can express an opinion using **bod***

☐ Dw i'n medru holi barn rhywun arall
I can ask someone else's opinion

☐ Dw i'n medru dweud be' o'n i'n arfer wneud, e.e. pan o'n i'n ifanc
I can say what I used to do, e.g. when I was young

☐ Dw i'n medru holi be' oedd rhywun arall yn arfer wneud
I can ask what someone else used to do

☑ Dw i'n medru disgrifio pethau yn y gorffennol
I can describe things in the past

☐ Dw i'n medru dweud be' sy orau gen i
I can say what I prefer

☐ Dw i'n medru holi be' sy orau gan rywun arall
I can ask what someone else prefers

☐ Dw i'n medru dweud be' sy orau gan bobl eraill
I can say what other people prefer

☐ Dw i'n medru dweud be' sy'n gas gen i
I can say what I hate

☐ Dw i'n medru holi be' sy'n gas gan rywun arall
I can ask what someone else hates

☐ Dw i'n medru dweud be' sy'n gas gan bobl eraill
I can say what other people hate

☐ Dw i'n medru siarad am fy hoff/gas bethau
I can talk about my favourite things and things I hate

☐ Dw i'n medru holi am hoff/gas bethau
I can ask about favourite things and things people hate

Geirfa Graidd - unedau 6–10

ar ôl	- left over	het (b)	- hat
arfer	- used to	hir	- long
barn (b)	- opinion	ifanc	- young
blasus	- tasty	malwod	- snails
bwydo	- to feed	manylion	- details
cân (caneuon) (b)	- song(s)	nabod	- to know (a person)
cerddorol	- musical	naturiol	- natural
cyfres (b)	- series	ofnadwy	- terrible
cyffrous	- exciting	opera sebon (b)	- soap opera
cynghrair (b)	- league	plentynnaidd	- childish
cyngor	- council, advice	pobl ifanc	- young people
cymharu	- to compare	reis	- rice
cystadleuaeth (cystadlaethau) (b)	- competition(s)	rhaglen(ni) (b)	- programme(s)
		rhaglen chwaraeon	- sports programme
cytuno	- to agree	rhaglen ddogfen	- documentary programme
digri	- funny		
drws nesa	- next door	rhaglen 'ffordd o fyw'	- lifestyle programme
ella/efallai	- perhaps		
esbonio	- to explain	rhaglen gomedi	- comedy programme
ffatri (b)	- factory		
ffôn symudol	- mobile phone	rhaglen gylchgrawn	- magazine programme
garddwr	- gardener		
golchi'r llestri	- to wash the dishes	rhaglen newyddion	- news programme
gwefan (b)	- website	rhaglen sgwrsio	- chat show
gwestai (gwesteion)	- guest(s)	talentog	- talented
gwisgo	- to wear	tlawd	- poor
gwych	- wonderful, brilliant	w driphlyg	- www
		ynddo fo	- in it
heddlu	- police	yr un ... â	- the same...as

Cwrs Sylfaen: Uned 11

Nod: Siarad am lle gaethoch chi eich geni a'ch magu
Talking about where you were born and brought up

1.

Mi ges i fy ngeni yn Abertawe	*I was born in Swansea*
Mi ges i fy ngeni ym mis Mehefin	*I was born in June*
Mi ges i fy ngeni ym mil naw saith dau	*I was born in 1972*
Mi ges i fy ngeni yn y pumdegau	*I was born in the fifties*
Lle gest ti dy eni?	*Where were you born?*
Lle gaethoch chi eich geni?	*Where were you born?*
Pryd gest ti dy eni?	*When were you born?*
Pryd gaethoch chi eich geni?	*When were you born?*

Tasg

Gofynnwch i o leia 8 person arall lenwi'r holiadur (*questionnaire*) yma:

Enw	Lle	Pryd

2. Mi gaeth o ei eni yng Nghymru   *He was born in Wales*
Mi gaeth o ei eni yn Iwerddon   *He was born in Ireland*
Mi gaeth hi ei geni yn yr Alban   *She was born in Scotland*
Mi gaeth hi ei geni yng ngogledd Lloegr   *She was born in the north of England*

Lle gaeth o ei eni?   *Where was he born?*
Lle gaeth hi ei geni?   *Where was she born?*

Mi gaeth o ei fagu yng Nghaerdydd   *He was brought up in Cardiff*
Mi gaeth hi ei magu ym Mangor   *She was brought up in Bangor*

Tasg

Siaradwch am y bobl eraill yn y dosbarth, gan ofyn y cwestiynau yma.
Talk about the other people in the class, using these questions.

Deialog

A: Lle gest ti dy eni?
B: **Yn Abertawe**.
A: Gest ti dy fagu yno hefyd?
B: Do, mi ges i fy magu **ym Mlaen-y-maes**.
A: Gaeth **Siân** ei magu yno?
B: Do. Roedd hi'n byw yn yr un stryd â fi.
A: Ew! Byd bach!

Newidiwch y rhannau sy mewn llythrennau trwm.
Change the parts in bold type.

Tasg - trafod y ffotograffau

Siaradwch am y ffotograffau.

Lle gaeth o ei eni?

Lle gaeth hi ei geni?

Cysylltwch y frawddeg â'r llun.

Connect the sentence to the picture.

Mae Tom yn dŵad o Aberystwyth

Mae Siân yn dŵad o Fangor

Mae Iolo'n dŵad o Abertawe

Mae Lowri'n dŵad o'r Wyddgrug

Mae Mair yn dŵad o Gasnewydd

Mae Edwin yn dŵad o Langollen

Mae Lleucu'n dŵad o Gaerdydd

3.

Mi gaeth John ei weld	*John was seen*
Mi gaeth o ei glywed	*He was heard*
Mi gaeth o ei dalu	*He was paid*
Mi gaeth o ei ddeffro	*He was woken*
Mi gaeth Siân ei gweld	*Siân was seen*
Mi gaeth hi ei chlywed	*She was heard*
Mi gaeth hi ei thalu	*She was paid*
Mi gaeth hi ei deffro	*She was woken*
Be' wnaeth ddigwydd i John?	*What happened to John?*
Gaeth hi ei stopio gan yr heddlu?	*Was she stopped by the police?*
Do / Naddo	*Yes / No*

 Gramadeg

Ella y byddwch chi'n clywed neu'n gweld y ffurf **Cafodd** mewn Cymraeg mwy ffurfiol, e.e. wrth wrando ar y newyddion, neu wrth ddarllen llyfrau.

> *You may hear or see the form **Cafodd** in more formal Welsh, e.g. when listening to the news, or when reading books.*

Cofiwch am y treigladau gwahanol:

Mi gaeth o ei + Treiglad Meddal   e.e. Mi gaeth o ei **g**lywed
Mi gaeth hi ei + Treiglad Llaes (TCP)   e.e. Mi gaeth hi ei **ch**lywed

 **Tasg - Be' wnaeth ddigwydd i...?**

Be' wnaeth ddigwydd i'r bobl yma?
Ffurfiwch frawddeg gan ddefnyddio'r sbardunau.
> *Form sentences using the prompts.*

Be' wnaeth ddigwydd i Bryn?

e.e.   Bryn   + deffro   + y sŵn   =   Mi gaeth Bryn ei ddeffro gan y sŵn
                                                   Bryn was woken by the sound

1.	Siôn	+ gweld	+ y plismon
2.	Gwen	+ clywed	+ ar y radio
3.	Tomos	+ magu	+ ei nain
4.	Elen	+ talu	+ ei chwaer
5.	Gareth	+ geni	+ yng ngogledd Cymru

Geirfa

byd	-	*world*
deffro	-	*to wake up*
digwydd	-	*to happen*
ew!	-	*gosh!*
geni	-	*to be born*
magu	-	*to bring up, to raise*
pumdegau	-	*fifties*
yr un ... â	-	*the same ... as*

Ychwanegwch eirfa sy'n berthnasol i chi:
> *Add vocabulary that's relevant to you:*

Gramadeg

Defnyddio'r 'goddefol' - rhywbeth yn cael ei wneud **i chi** neu rywun arall.
*Using the 'passive' - something being done **to you** or someone else.*

e.e.   Mi gaeth o ei eni yn Abertawe   -   *He was born in Swansea*
(or 'He had his borning [!]...')

Don't be tempted to use 'roedd' for 'was' in examples like these.

You can use 'cael' with other tenses as well:

e.e.   Mae o'n cael ei weld   *He is being seen*
           Mae o wedi cael ei weld   *He has been seen*

Dyma'r patrwm wedi ei ysgrifennu'n llawn eto: *Here's the pattern written in full again:*	Efallai y byddwch chi'n gweld y ffurfiau hyn hefyd: *You may see these forms too:*
Mi ges i fy ngeni	Ces i fy ngeni
Mi gest ti dy eni	Cest ti dy eni
Mi gaeth o ei eni	Cafodd o ei eni
Mi gaeth hi ei geni	Cafodd hi ei geni
Mi gaethon ni ein geni	Cawson ni ein geni
Mi gaethoch chi eich geni	Cawsoch chi eich geni
Mi gaethon nhw eu geni	Cawson nhw eu geni

 # Geirfa

Mi fydd eich tiwtor yn rhoi dau funud i chi edrych dros dudalennau'r cwrs
hyd yn hyn. Ar bapur sgrap ysgrifennwch ddeg o eiriau sy'n codi, yn Saesneg.
Ar ôl dau funud, mi fydd eich tiwtor yn casglu'r papur a'i roi i rywun arall.
Pa eiriau sy'n anodd eu cofio?

*Your tutor will give you two minutes to look over the pages of the course
book up to now. On a piece of scrap paper, write in English ten words which
have cropped up. After two minutes, your tutor will collect the paper and give
it to someone else. Which words are difficult to remember?*

Cwrs Sylfaen: Uned 12

Nod: Trafod y newyddion *Discussing the news*

1.

Mi gaeth dyn ei ladd	*A man was killed*
Mi gaeth dyn ei arestio	*A man was arrested*
Mi gaeth llanc ei ddal	*A youth was caught*
Mi gaeth lleidr ei ddal	*A thief was caught*
Mi gaeth car ei ddwyn	*A car was stolen*
Mi gaeth tŷ ei losgi	*A house was burnt*
Mi gaeth rhywun ei saethu	*Someone was shot*

Mi fydd eich tiwtor yn dweud wrthoch chi
sut i ymarfer y brawddegau yma mewn parau.
*Your tutor will tell you how to practise
these sentences in pairs.*

A:	Be' gaeth ei ddwyn?	*What was stolen?*
B:	Mi gaeth car ei ddwyn	*A car was stolen*
A:	Pwy gaeth ei ladd?	*Who was killed?*
B:	Mi gaeth dyn ei ladd	*A man was killed*

2.

Mi gaeth merch ei lladd ddoe	*A girl was killed yesterday*
Mi gaeth merch ei harestio ddoe	*A girl was arrested yesterday*
Mi gaeth dynes ei dal neithiwr	*A woman was caught last night*
Mi gaeth dynes ei hanafu neithiwr	*A woman was injured last night*
Mi gaeth ffatri ei chau heddiw	*A factory was closed today*
Mi gaeth gêm ei gohirio neithiwr	*A game was postponed last night*
Mi gaeth rhaglen ei dangos neithiwr	*A programme was shown last night*

A:	Pwy gaeth ei anafu?	*Who was injured?*
B:	Mi gaeth dynes ei hanafu	*A woman was injured*
A:	Be' gaeth ei gau?	*What was closed?*
B:	Mi gaeth ffatri ei chau	*A factory was closed*
A:	Pryd gaeth y ffatri ei chau?	*When was the factory closed?*
B:	Mi gaeth y ffatri ei chau heddiw	*The factory was closed today*

3. Mi gaeth tri dyn eu lladd ym Mangor   *Three men were killed in Bangor*
Mi gaeth dynion eu harestio yn Abertawe   *Men were arrested in Swansea*
Mi gaeth lladron eu dal yn Wrecsam   *Thieves were caught in Wrexham*
Mi gaeth dwy wraig eu saethu yn Washington   *Two women were shot in Washington*

Tasg - bwletin newyddion
Gwrandewch ar eich tiwtor yn darllen y bwletin newyddion a darllenwch y rhestr eiriau isod. Mae'r geiriau yma'n codi yn y bwletin. Efo'ch partner, ceisiwch ail-lunio'r eitemau gan ddefnyddio'r geiriau yma fel sbardunau.

Listen to your tutor reading the news bulletin and read the word list below. These words crop up in the bulletin. With your partner, try to recreate the items, using these words as prompts.

1.	dau ddyn	gyrru	neithiwr
2.	ardal	ffenestri	hanner cant
3.	dwyn	stryd	llanc

Tasg - darllen
Darllenwch y bwletin newyddion yma yn uchel efo'ch partner.
Read this news bulletin aloud with your partner.

Dyma'r newyddion.

Mi gaeth **dyn** ei **ladd** gan **lori** ar yr **M4** y bore 'ma.

Mi gaeth **dau ddyn** eu harestio neithiwr am ddwyn ceir **yng Nghaerfyrddin**.

Mi gaeth ffatri ei chau **yn Wrecsam** ddoe.

Newyddion drwg i siopwyr. Mi gaeth pris **llaeth** ei godi ddoe.

Pêl-droed nesa. Mi gaeth y gêm rhwng **Bangor** a'r **Barri** ei gohirio.

Yn ola', mi gaeth corgi ei frathu gan y Tywysog Philip neithiwr. Dwedodd o ei fod o ar ben ei dennyn.

Nawr newidiwch y geiriau sydd mewn llythrennau trwm.
Now change the parts in bold print.

Gramadeg

Mae'r treigladau yma'n dibynnu ar genedl y gair,
ac ar a ydy'r gair yn unigol neu luosog.

> *The mutations here depend on the gender of the word,*
> *and on whether the word is singular or plural.*

Geiriau gwrywaidd

Masculine words   Mi gaeth   **dyn**   ei ladd   (< **lladd** - treiglad meddal - **dyn** *is a masculine word*)

Geiriau benywaidd

Feminine words   Mi gaeth   **merch**   ei thalu   (< **talu** - treiglad llaes - TCP -

Mi gaeth   **merch**   ei hanafu   **merch** *is a feminine word; also an* **h** *in front of verbs beginning with a vowel*)

Geiriau lluosog

Plural words   Mi gaeth   **y plant**   eu clywed   (< **clywed** - dim treiglad, *but an* **h** *in*

Mi gaeth   **y plant**   eu hanafu   *front of verbs beginning with a vowel*)

Tasg - sbardun i siarad

Mewn grwpiau o dri, gofynnwch y cwestiynau yma i'ch gilydd.

> *In groups of three, ask each other these questions.*

Gaethoch chi eich arestio erioed?

Gaethoch chi eich anafu erioed?

Gaethoch chi eich stopio gan yr heddlu erioed?

Gaethoch chi eich cloi allan o'r tŷ erioed?

Gaethoch chi eich dal gan gamera cyflymder erioed?

Geirfa

anafu	- *to injure*	miloedd o bunnoedd	- *thousands of pounds*
arestio	- *to arrest*	newid	- *to change*
brathu	- *to bite*	newyddion	- *news*
bwletin	- *bulletin*	peryglus	- *dangerous*
camera cyflymder	- *speed camera*	poeni	- *to worry*
cau	- *to shut*	rhywun	- *someone*
cloi allan	- *to lock out*	saethu	- *to shoot*
cymorth	- *help*	sbardun	- *spur, incentive*
cyrraedd	- *to reach, to arrive*	sydyn	- *quick*
chwilio	- *to search*	tennyn	- *tether, dog lead*
dal	- *to catch*	trafod	- *to discuss*
damwain (b)	- *accident*	trwm	- *heavy*
dathlu	- *to celebrate*	tywysog	- *prince*
digwydd	- *to happen*	yn ôl	- *ago*
diweithdra	- *unemployment*	yn ola(f)	- *finally*
dringo	- *to climb*		
dwyn	- *to steal*		
erioed	- *ever*		
ffatri (b)	- *factory*		
gohirio	- *to postpone*		
heddlu	- *police*		
lladd	- *to kill*		
llanc	- *youth, teenager (male)*		
lleidr (lladron)	- *thief (thieves)*		
llosgi	- *to burn*		
maer	- *mayor*		

**Ychwanegwch eirfa
sy'n berthnasol i chi:**
*Add vocabulary that's
relevant to you:*

_____

Cwrs Sylfaen: Uned 13

Nod:	Gofyn cymwynas a deall negeseuon ffôn
	Asking a favour and understanding telephone messages

1.

Ga i ddefnyddio'r ffôn?	*May I use the phone?*
Ga i fynd adre?	*May I go home?*
Ga i ofyn rhywbeth i chi?	*May I ask you something?*
Ga i weld y llun?	*May I see the picture?*

A:	Cei, wrth gwrs	*Yes, you may, of course*
B:	Na chei, dwyt ti ddim yn cael mynd eto	*No, you may not go yet / No, you can't go yet*

2.

Gawn ni'r papur, os gwelwch chi'n dda?	*May we have the paper, please?*
Gawn ni baned, os gwelwch chi'n dda?	*May we have a cuppa, please?*
Gawn ni air, os gwelwch chi'n dda?	*May we have a word, please?*
Gawn ni un i Bryn, os gwelwch chi'n dda?	*May we have one for Bryn, please?*

A:	Cewch, a chroeso	*Yes, you're welcome*
B:	Na chewch, mae'n ddrwg gen i	*No, I'm sorry*

 Tasg - 'Battleships'

rhoi'r pres i'r siopwr	mynd allan	gwrando ar y dyn	defnyddio'r ffôn
cau'r drws	dŵad i'r parti	gwerthu'r car	gorffen yn gynnar
gweithio yn y tŷ	edrych ar y rhaglen	gofyn cwestiwn i chi	mynd i'r dafarn
gweld y daflen	prynu peint i chi	talu am hwn	dweud rhywbeth

3.

Gaiff o fynd adre?	Caiff, wrth gwrs	*May he go home?*	*Yes, of course*
Gaiff hi fynd adre?	Caiff, wrth gwrs	*May she go home?*	*Yes, of course*
Gawn ni fynd adre?	Cewch, wrth gwrs	*May we go home?*	*Yes, of course*
Gân nhw fynd adre?	Cân, wrth gwrs	*May they go home?*	*Yes, of course*

A:	Dw i'n meddwl bod John yn sâl.	*I think John's ill*
B:	Gaiff o fynd adre?	*May he go home?*
A:	Caiff, wrth gwrs.	*Yes, of course*

Tasg - Ga i aros yn y balŵn?

Mi fydd rhaid i chi roi rheswm dros gael aros yn y balŵn. Mi fydd y tiwtor yn esbonio.

You will have to give a reason to be allowed to stay in the balloon. Your tutor will explain.

4.

Wnewch chi agor y ffenest?	*Will you open the window?*
Wnewch chi gau'r ffenest?	*Will you close the window?*
Wnewch chi olchi'r llestri?	*Will you wash the dishes?*
Wnewch chi basio'r halen?	*Will you pass the salt?*
Wnewch chi roi lifft i mi?	*Will you give me a lift?*
Wnewch chi ymddiheuro drosta i?	*Will you apologise for me?*
Wnei di baned o de i mi?	*Will you make me a cup of tea?*
Wnei di'r gwaith cartre i mi?	*Will you do the homework for me?*
Wnei di rywbeth i mi?	*Will you do something for me?*
Gwnaf, wrth gwrs	*Yes, of course*
Na wnaf, mae'n ddrwg gen i	*No, I'm sorry*

Tasg

Trafodwch y lluniau efo'ch partner.
Pa gwestiwn sy'n perthyn i ba lun?

Discuss the pictures with your partner.
Which question belongs to which picture?

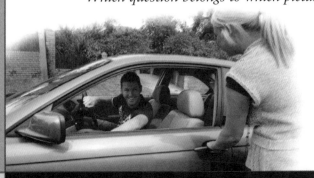

Deialog

A: Ga i ddefnyddio'r ffôn?

B: Na chei. Dwyt ti ddim yn cael defnyddio'r ffôn.

A: Ga i agor y ffenest?

B: Na chei. Mae hi'n rhy oer.

A: Wnei di baned i mi 'ta?

B: Na wnaf. Gwna fo dy hun, y diawl diog.

A: Dwyt ti ddim yn cael siarad efo fi fel 'na!

B: O, cau dy geg!

Geirfa

cael mynd	-	*to be allowed to go*
cau dy geg!	-	*shut your face!*
defnyddio	-	*to use*
diawl diog	-	*lazy lout*
dy hun	-	*yourself*
fel 'na	-	*like that*
gair	-	*word*
golchi'r llestri	-	*to wash the dishes*
gwna fo	-	*do it*
halen	-	*salt*
llun(iau)	-	*picture(s)*
rhywbeth	-	*something*
taflen(ni) (b)	-	*leaflet(s)*
ymddiheuro	-	*to apologize*
yn lle	-	*instead of*

Ychwanegwch eirfa sy'n berthnasol i chi:

Add vocabulary that's relevant to you:

_____

_____

Partner A ar dudalen 64

Tasg - neges ffôn

Partner B
Darllenwch y neges yma'n uchel i'ch partner.

" Prynhawn da, y bòs sy'n siarad. Mae hi'n ddau o'r gloch. Mae Kevin yn sâl - mae o newydd ffonio. Wnei di fynd i Aberystwyth yn lle Kevin? Mae'r car yn barod i ti. Diolch! "

Gwrandewch ar eich partner yn darllen y neges. Llenwch y grid, wrth wrando ar y neges. Mi gewch chi ofyn i'ch partner ddarllen y neges eto:

Listen to your partner reading the message. Fill in the grid, while listening to the message. You may ask your partner to read the message again:

Wnei di ddarllen y neges eto, plîs?

Pwy sy'n ffonio	Amser	Problem	Ateb i'r broblem

Ar ôl gorffen, trafodwch yr atebion efo'ch partner.

After finishing, discuss the answers with your partner.

Gramadeg

1. The pattern **Ga i ...?** (and the other phrases using **cael**, e.g. **Gawn ni...? Gaiff o/hi...?**) can mean different things, e.g. *May I have (a thing)?*, or *May I... (an action)?*

2. **Wnewch chi ...?** (or other phrases using **gwneud**, e.g. **Wnei di...? Wnaiff o/hi...?**) can also mean different things, e.g. *Will you do / make (a thing)?*, or *Will you... (an action)?*

3. Cofiwch y treiglad meddal efo'r ddau ymadrodd:
    Remember the treiglad meddal *with both phrases:*

    Ga i **g**offi? Ga i **f**ynd? Wnewch chi **dd**weud rhywbeth?

4. Mi fyddwch chi'n gweld **Gaf i?** weithiau mewn llyfrau a chyrsiau eraill. Fel arfer wrth siarad, mae **f** ar ddiwedd gair yn diflannu - does dim rhaid rhoi collnod i mewn i ddangos hyn.
    You will see **Gaf i?** *sometimes in books and other courses. Usually when speaking, the* f *at the end of the word disappears - you don't have to insert an apostrophe to show this.*

Partner B ar dudalen 63

 Tasg - neges ffôn

Partner A
Darllenwch y neges yma'n uchel i'ch partner.

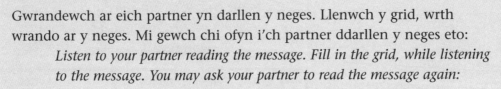

"Helo, John. Sam sy'n siarad. Mae hi'n hanner awr wedi saith. Dw i ddim yn gallu dŵad i'r cyfarfod yfory am dri o'r gloch. Wnei di ymddiheuro drosta i? Mae rhywun arall yn mynd i siarad am y project."

Gwrandewch ar eich partner yn darllen y neges. Llenwch y grid, wrth wrando ar y neges. Mi gewch chi ofyn i'ch partner ddarllen y neges eto:
    Listen to your partner reading the message. Fill in the grid, while listening to the message. You may ask your partner to read the message again:

    Wnei di ddarllen y neges eto, plîs?

Pwy sy'n ffonio	Amser	Problem	Ateb i'r broblem

Ar ôl gorffen, trafodwch yr atebion efo'ch partner.
    After finishing, discuss the answers with your partner.

Cwrs Sylfaen: Uned 14

Nod: Pwysleisio *Emphasising*

1.

Siân sy 'ma	*Sian here*
Bryn sy 'ma	*Bryn here*
Fi sy'n siarad	*It's me speaking*
Dy frawd di sy'n siarad	*It's your brother speaking*
Helo, pwy sy 'na?	*Hello, who's there?*
Pwy sy'n siarad, os gwelwch chi'n dda?	*Who's speaking please?*
Ga i'ch helpu chi, os gwelwch chi'n dda?	*May I help you, please?*
Does 'na ddim ateb ar hyn o bryd,	*There's no answer at the moment,*
dach chi isio gadael neges?	*do you want to leave a message?*
Un eiliad, os gwelwch chi'n dda.	*One second, please.*

Tasg - creu deialog o sefyllfa

Efo'ch partner, meddyliwch am ddeialog fer yn codi o'r sefyllfaoedd yma:
With your partner, think of a short exchange arising from these situations:

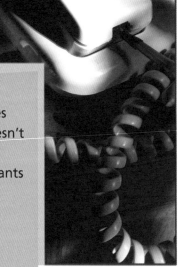

1.
Elin phones the office, and wants to leave a message for John.

2.
Siân's mother phones the school to talk to the head teacher, to say that Siân is ill, and asks the head to tell the class teacher.

3.
Someone phones Bedwyr, but doesn't want to leave a name; he/she wants Bedwyr to give someone else a message.

2.

Mae Tom Jones yn canu Delilah	*Tom Jones sings Delilah*
Tom Jones sy'n canu Delilah	*It's **Tom Jones** who sings Delilah*
Pwy sy'n canu Delilah?	*Who sings Delilah?*
Fi sy'n gyrru heddiw	*It's me who's driving today*
Ti sy'n nabod y bobl	*It's you who knows the people*
Bryn sy'n deall y broblem	*It's Bryn who understands the problem*
Siân sy'n talu am y bwyd	*It's Siân who's paying for the food*
Fi oedd yn gyfrifol	*It's me who was responsible*
Ti fydd yn talu y tro nesa	*It's you who will pay next time*
Bryn oedd yn mynd i wneud hyn	*It was Bryn who was going to do this*
Siân fydd yn dŵad i'r cyfarfod	*It's Siân who will come to the meeting*

A: Pwy sy'n **canu Delilah**?
B: **Pavarotti** sy'n **canu Delilah**
A: Naci, **Tom Jones** sy'n canu **Delilah**!
B: Ia, ti sy'n iawn

 Tasg - Cwis 'sy'
Trafodwch yr atebion i'r cwestiynau yma efo'ch partner.

Pwy sy'n canu 'Nessun Dorma'?

Pwy sy'n byw yn rhif 10 Stryd Downing?

Pwy sy'n briod â Posh Spice?

Pwy sy'n rhedeg cwmni Virgin?

Pwy oedd yn actio yn *Gone with the Wind*?

Pwy oedd yn darllen *News at Ten*?

Pwy fydd yn chwarae Cymru nesa?

Pwy fydd yn dysgu'r dosbarth y flwyddyn nesa?

Meddyliwch am dri chwestiwn arall i'w gofyn i'r dosbarth,
yn dechrau â **Pwy sy'n...**, **Pwy oedd yn...** neu **Pwy fydd yn...**
  *Think of three other questions to ask the class, starting with **Pwy sy'n...**,*
  Pwy oedd yn...**, or **Pwy fydd yn...

Pwy _____

Pwy _____

Pwy _____

3.
Dim ond un sy gen ii	*I only have one*
Dim ond punt sy gen i	*I only have a pound*
Dim ond munud sy gen i	*I only have a minute*
Dim ond un cwestiwn sy gen i	*I only have one question*

A: Mae gen i **beint o lager**   *I've got a pint of lager*
B: Dim ond **coffi** sy gen i!   *I've only got a coffee!*

Tasg - Dim ond...

Mewn parau, meddyliwch am ymatebion i'r brawddegau yma:

In pairs, think of responses to these sentences:

A: Mae gen i Ferrari   **B:** _____

A: Mae gen i Harley Davison   **B:** _____

A: Mae gen i Ferrero Rocher   **B:** _____

A: Mae gen i dŷ mawr iawn   **B:** _____

A: Mae gen i ddwy awr   **B:** _____

A: Mae gen i bump o blant   **B:** _____

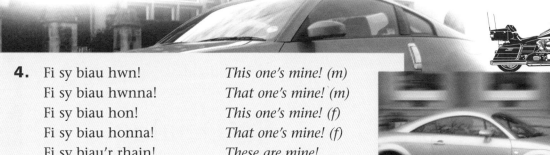

4.
Fi sy biau hwn!	*This one's mine! (m)*
Fi sy biau hwnna!	*That one's mine! (m)*
Fi sy biau hon!	*This one's mine! (f)*
Fi sy biau honna!	*That one's mine! (f)*
Fi sy biau'r rhain!	*These are mine!*
Fi sy biau'r rheina!	*Those are mine!*

John sy biau hwn?	*Is this John's?*
Siân sy biau hwnna?	*Is that Siân's?*
Ia / Naci	*Yes / No*

Pwy sy biau'r llyfr yma?	*Whose is this book?*
Ti sy biau hwn?	*Is this yours?*
Pwy sy biau'r got yma?	*Whose is this coat?*
Ti sy biau hon?	*Is this yours?*

Tasg - Pwy sy biau...

Penderfynwch pwy sy biau beth drwy dynnu llinell rhyngddyn nhw.
Wedyn, trafodwch â'ch partner.

Decide who owns what by drawing a line between them. Then discuss with your partner.

Nain	Y Porsche
Anti Blod	Y tedi
Y cariad	Y dannedd gosod
Y dyn drws nesa	Y ffrog ddel
Taid	Y *rottweiler*
Yncl Wil	Y fest fudr
Y plant	Y gath ddrewllyd
Dei 'Slasher' Davies	Y gyllell
Tony Blair	Y limo
Y ddynes drws nesa	Y syspenders

A: Pwy sy bia'r Porsche?
B: O, Yncl Wil sy bia'r Porsche, siŵr o fod.
A: Naci, dw i ddim yn meddwl. Anti Beti sy biau fo.
B: Ia wir? Anti Beti sy biau'r Porsche? Bobol bach!

5. Dw i'n nabod rhywun sy'n byw ym Mangor *I know someone who lives in Bangor*
Dw i'n nabod rhywun sy'n *I know someone who works in Tesco*
  gweithio yn Tesco
Dw i'n nabod rhywun sy'n dŵad o Dregaron *I know someone who comes from Tregaron*
Dw i'n nabod rhywun sy'n *I know someone who knows*
  nabod Anthony Hopkins *Anthony Hopkins*

Tasg - Un yn well

A: Dw i'n nabod rhywun sy'n gweithio
yn Tesco.
B: Dydy hynny'n ddim byd. Dw i'n nabod
rhywun sy'n gweithio yn Harrods.

Trafodwch â'ch partner, gan geisio
cael y gorau bob tro!
  *Discuss with your partner, and try
  to get the upper hand each time!*

 **Deialog**

A: Helo. Fi sy 'ma eto.
B: Helo Siân.
A: Pwy sy biau'r Porsche newydd sbon?
B: Bryn sy biau hwnna.
A: Bryn sy biau fo?
B: Ia. Enillodd o'r peth mewn raffl.
A: Pwy sy'n mynd allan efo fo y dyddiau yma?
B: Fi.

Ymarfer efo'ch partner, yna newidiwch y manylion.
  Practise with your partner, then change the details.

Cwrs Sylfaen: Uned 14

Gramadeg

1. **Fi sy 'ma** (literally *Me who is here* - i.e. *It's me*).
Fi sy biau hwnna (literally, *Me who owns that*, i.e. *That's mine*).
Pwy? = *who*, as a question - **Pwy** sy'n siarad? (literally - **Who** *[is it] who is speaking?*

2. **sy(dd)** = *who is/are; which is/are* (not a question) e.g.
   Dw i'n nabod rhywun **sy'n** byw yn y dre. *I know somone **who** lives in town.*
This isn't used for particular emphasis. Remember 'pwy' is not used here.

3. *this* - if the object is named = **y ...yma**, e.g. y car yma (lit. *the car here*).
that - if the object is named = **y ...yna**, e.g. y car yna (lit. *the car there*).
If the object is not named then:
   hwn / hon - *this (one)*
   hwnna / honna - *that (one)*
If in doubt as to whether an object is masculine or feminine, use **hwn / hwnna**.

4. **dim ond** = *only* - is usually followed by an emphatic sentence,
i.e. the word order is changed to put the subject first, e.g.
   Mae gen i bunt - *There is a pound with me / I have a pound* – normal word order.
   Dim ond punt **sy** gen i -
   Only a pound which is with me / I only have a pound – emphasis.
The word order is changed and **sy** is used instead of **mae**.
   Mae Bryn yn siarad - *Bryn is speaking* - normal word order.
   Bryn sy'n siarad - *(It's) Bryn who is speaking* – emphasis.

5. **Ia** and **Naci** answers are used for emphatic sentences like the following -
   Ti sy biau hwnna?   Ia / Naci
   Bryn sy'n siarad?   Ia / Naci

6. Negative:
   Dydy Bryn ddim yn siarad -
   Bryn isn't speaking - no emphasis
   Dim Bryn sy'n siarad - *(It's) not Bryn who is speaking* - emphasis

Geirfa

bobol bach!	- *good heavens!* *(lit. little people!)*
cyfrifol	- *responsible*
cyllell (cyllyll) (b)	- *knife (knives)*
dannedd gosod	- *false teeth*
drewllyd	- *smelly*
eiliad(au) (f)	- *second(s)*
neges(euon) (f)	- *message(s)*
newydd sbon	- *brand new*
wir	- *really*

Ychwanegwch eirfa sy'n berthnasol i chi:
   Add vocabulary that's relevant to you:

_____

_____

_____

Cwrs Sylfaen: Uned 15

Nod: Adolygu ac ymestyn *Revision and extension*

1. Mi ges i fy ngeni yn Abertawe   *I was born in Swansea*
Mi ges i fy ngeni ym mil naw pump dau   *I was born in 1952*
Mi gaeth o ei eni yn Aberystwyth   *He was born in Aberystwyth*
Mi gaeth hi ei geni ym Mangor   *She was born in Bangor*

Lle gest ti dy eni?   *Where were you born?*
Pryd gest ti dy eni?   *When were you born?*

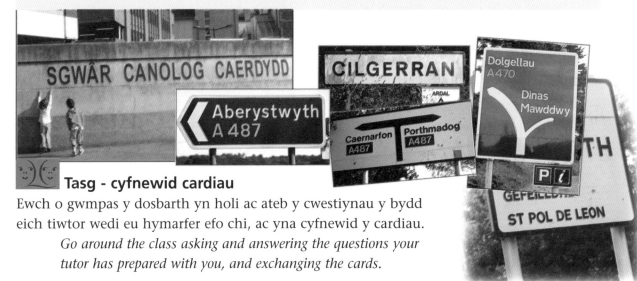

Tasg - cyfnewid cardiau

Ewch o gwmpas y dosbarth yn holi ac ateb y cwestiynau y bydd
eich tiwtor wedi eu hymarfer efo chi, ac yna cyfnewid y cardiau.
*Go around the class asking and answering the questions your
tutor has prepared with you, and exchanging the cards.*

2. Mi gaeth y dyn ei ladd ddoe   *The man was killed yesterday*
Mi gaeth car ei ddwyn neithiwr   *A car was stolen last night*
Mi gaeth llanc ei arestio gan yr heddlu   *A youth was arrested by the police*

Mi gaeth merch ei lladd gan lori   *A girl was killed by a lorry*
Mi gaeth gwraig ei harestio ddoe   *A woman was arrested yesterday*
Mi gaeth ffatri ei chau yn Llantrisant   *A factory was closed in Llantrisant*

Tasg - ffurfio brawddegau

Gofynnwch gwestiynau i'ch partner gan ddefnyddio'r grid isod, e.e.

Ask your partner questions using the grid below, e.g.

Be' wnaeth ddigwydd i'r dyn?	*What happened to the man?*
Pwy gaeth ei ladd?	*Who was killed?*
Sut gaeth y dyn ei ladd?	*How was the man killed?*
Pryd gaeth y dyn ei ladd?	*When was the man killed?*
Lle gaeth y dyn ei ladd?	*Where was the man killed?*

Pwy / Be'	Be'	Gan	Pryd	Lle
dyn	lladd	lori	neithiwr	ar yr M4
merch	arestio	yr heddlu	y bore 'ma	yn ei chartre
tri llanc	dal	camera CCTV	ddoe	mewn siop
Elen	anafu	car	dydd Sadwrn	wrth siop Spar
y tŷ	prynu	Americanwr	echdoe	ar y we
ffatri	agor	y maer	heddiw	ar y stad ddiwydiannol
car	dwyn	lladron	nos Lun diwetha	o flaen y tŷ

3.

Ga i ofyn cwestiwn?	*May I ask a question?*
Ga i ddweud rhywbeth?	*May I say something?*
Ga i weld y daflen?	*May I see the worksheet?*
Ga i fynd yn gynnar?	*May I go early?*
Ga i ddŵad i'r parti?	*May I come to the party?*

Newidiwch y dechrau i ymarfer:

Change the beginning to practise:

Gawn ni...?	*May we...?*
Gaiff o...?	*May he...?*
Gaiff hi....?	*May she...?*
Gân nhw...?	*May they... ?*

Wnewch chi ddŵad i'r parti?	*Will you come to the party?*
Wnewch chi wrando arna i?	*Will you listen to me?*
Wnewch chi roi pres i mi?	*Will you give me money?*
Wnewch chi roi lifft i mi?	*Will you give me a lift?*

Newidiwch y dechrau i ymarfer:
  Change the beginning to practise:
Wnei di...?   *Will you...?*

Gêm - Ga i ...? / Wnewch chi ...?

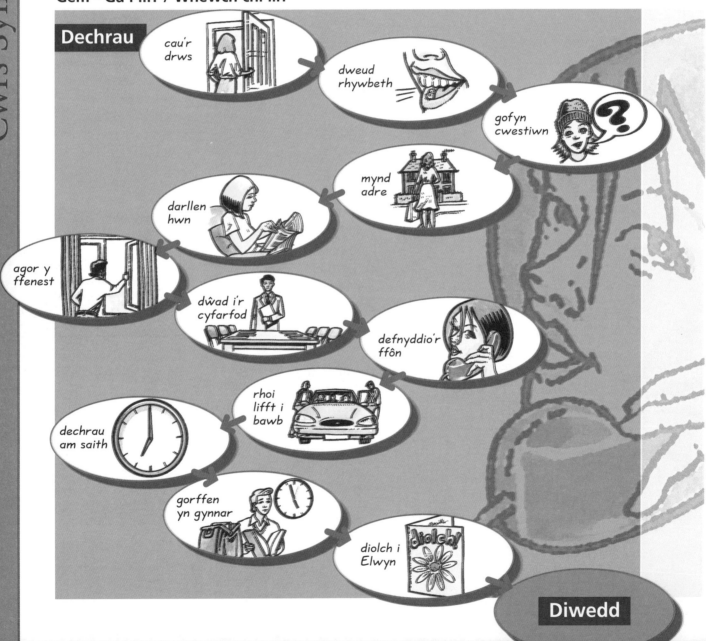

4.

Fi sy'n iawn	*It's me who's right*
Fi sy'n gyfrifol	*It's me who's responsible*
Fi sy'n talu am y bwyd	*It's me who's paying for the food*
Fi sy'n gwneud y gwaith i gyd	*It's me who does all the work*

| Pwy sy'n gyfrifol? | *Who's responsible?* |
| Pwy sy'n talu am y bwyd? | *Who's paying for the food?* |

Ti fydd yn gwneud hyn yfory	*It's you who will be doing this tomorrow*
Ti fydd yn gyfrifol y tro nesa	*It's you who will be responsible next time*
Ti oedd yn iawn	*It's you who was right*
Ti oedd yn deall y broblem	*It's you who understood the problem*

Fi sy biau hwn!	*This is mine!*
Ti sy biau hwnna!	*That's yours!*
Fo sy biau hon!	*This is his!*
Hi sy biau honna!	*That's hers!*

| Pwy sy biau hwn? | *Whose is this? (m)* |
| Pwy sy biau hon? | *Whose is this? (f)* |

Dw i'n nabod rhywun sy'n gweithio yna	*I know someone who works there*
Dw i'n nabod rhywun sy'n byw yna	*I know someone who lives there*
Dw i'n nabod rhywun sy'n dŵad o'r dre	*I know someone who comes from the town*

Tasg - holiadur

Rhaid i chi ffeindio:

1. Person sy'n hoffi pysgota.
2. Person sy wedi bod yn Efrog Newydd.
3. Person oedd yn arfer edrych ar *Thunderbirds*.
4. Person fydd yn darllen *The Times* y penwythnos nesa.
5. Person sy'n medru dawnsio.

Mi fydd eich tiwtor yn eich holi ar ôl i chi fynd o gwmpas y dosbarth.
Your tutor will ask questions after you have gone round the class.

Tasg gwrando

Gwrandewch ar y bwletin newyddion. Mi fydd eich tiwtor yn chwarae'r bwletin dair gwaith. Atebwch y cwestiynau yma wrth wrando.

Listen to the news bulletin. Your tutor will play the bulletin three times.
Answer these questions while listening.

1. Lle gaeth y merched eu hanafu? _____

2. Pam gaeth y dyn ei arestio? _____

3. Be' gaeth ei agor ddoe? _____

4. Newyddion drwg i bwy? _____

5. Pam gaeth y gêm ei gohirio? _____

6. Faint gaeth y ffermwr am y ci? _____

7. Sut bydd y tywydd yfory? _____

8. Pryd bydd y bwletin nesa? _____

Geirfa

ci defaid	-	*sheepdog*
cyfnewid	-	*to exchange*
Efrog Newydd	-	*New York*
maer	-	*mayor*
penwythnos	-	*weekend*
stad ddiwydiannol (b)	-	*industrial estate*

Ychwanegwch eirfa sy'n berthnasol i chi:
Add vocabulary that's relevant to you:

_____

Gramadeg

cael a gwneud

Hyd yma dan ni wedi canolbwyntio ar y cwestiynau - Ga i?, Wnei di?, ac ati. Yn aml, mae pobl yn treiglo gosodiadau hefyd, ond byddwch hefyd yn gweld ac yn clywed y ffurfiau yma mewn cyd-destun mwy ffurfiol:

We have so far mostly seen the question forms – Ga i?, Wnei di?, etc
Very often the statement forms are also mutated, but you will also see
and hear these in more formal contexts:

cael		gwneud	
Ca i *or* Caf i	Cawn ni	Gwna i *or* Gwnaf i	Gwnawn ni
Cei di	Cewch chi	Gwnei di	Gwnei di
Caiff o/hi	Cân nhw	Gwnaiff o/hi	Gwnân nhw

So Cei di lifft *or* Gei di lifft *are both possible for 'You can/may have a lift.'*
And Gwnaiff John y llestri, *or* Wnaiff John y llestri – *John will do the dishes.*

Cwestiynau ac Atebion

Ga i fynd?	*May I go?*	Cei	*Yes, you may*
Gei di fynd?	*May you go?*	Caf	*Yes, I may*
Gaiff o/hi fynd?	*May he/she go?*	Caiff	*Yes, he/she may*
Gawn ni fynd?	*May we go?*	Cewch	*Yes, you may*
Gewch chi fynd?	*May you go?*	Cawn	*Yes, we may*
Gân nhw fynd?	*May they go?*	Cân	*Yes, they may*

Wna i fynd?	*Will I go?*	Gwnei	*Yes, you will*
Wnei di fynd?	*Will you go?*	Gwnaf	*Yes, I will*
Wnaiff o/hi fynd?	*Will he/she go?*	Gwnaiff	*Yes, he/she will*
Wnawn ni fynd?	*Will we go?*	Gwnewch	*Yes, you will*
Wnewch chi fynd?	*Will you go?*	Gwnawn	*Yes, we will*
Wnân nhw fynd?	*Will they go?*	Gwnân	*Yes, they will*

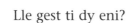

Tasg - 'Mastermind'

Lle gest ti dy eni?

Pryd gest ti dy eni?

Lle gaeth dy fam di ei geni?

Lle gaeth dy dad di ei eni?

Be' wyt ti'n feddwl o Homer Simpson?

Lle oeddet ti'n byw ym 1979?

Gaethoch chi eich arestio erioed? Pam?

Dach chi'n nabod rhywun sy'n byw dramor? Pwy?

Be' ydy dy hoff fwyd di?

Pwy ydy dy hoff ganwr neu gantores di?

Rhestr gyfair *Check list*

✔ **Ticiwch be' dach chi'n medru wneud.** *Tick what you can do.*

☐ Dw i'n medru dweud lle a phryd
ges i fy ngeni
I can say where and when I was born

☐ Dw i'n medru holi rhywun arall lle a
phryd gaeth o ei eni/gaeth hi ei geni
*I can ask someone else where and
when he/she was born*

☐ Dw i'n medru dweud lle a phryd
gaeth rhywun arall ei eni a lle
gaeth o ei fagu/gaeth hi ei magu
*I can say where and when someone
else was born and where he/she
was brought up*

☐ Dw i'n medru dweud be' wnaeth ddigwydd
i rywun arall (e.e. Mi gaeth o ei anafu)
*I can say what happened to someone
else (e.g. Mi gaeth o ei anafu)*

☐ Dw i'n medru gofyn be' wnaeth
ddigwydd i rywun arall
*I can ask what happened
to someone else*

☐ Dw i'n medru trafod y newyddion
yn syml
I can discuss the news simply

☐ Dw i'n medru gofyn i rywun
am rywbeth
I can ask someone for something

☐ Dw i'n medru gofyn am ganiatâd
i wneud rhywbeth
*I can ask for permission to
do something*

☐ Dw i'n medru gofyn gaiff rhywun
arall rywbeth neu wneud rhywbeth
*I can ask whether someone else
may have or do something*

☐ Dw i'n medru gofyn i rywun
wneud rhywbeth
I can ask someone to do something

☐ Dw i'n medru pwysleisio pwy
sy'n gwneud rhywbeth neu
pwy sy yn rhywle
*I can emphasize who is doing
something or who is somewhere*

☐ Dw i'n medru pwysleisio pwy oedd
yn gwneud rhywbeth neu pwy oedd
yn rhywle
*I can emphasize who was doing
something or who was somewhere*

☐ Dw i'n medru pwysleisio pwy fydd
yn gwneud rhywbeth neu pwy fydd
yn rhywle
*I can emphasize who will be doing
something or who will be somewhere*

☐ Dw i'n medru dweud mai dim ond
un o rywbeth sy gen i
I can say I only have one of something

☐ Dw i'n medru dweud pwy sy biau
rhywbeth
I can say who owns something

☐ Dw i'n medru gofyn pwy sy biau
rhywbeth
I can ask who owns something

 Geirfa Graidd - unedau 11–15

anafu	- *to injure*
arestio	- *to arrest*
bobol bach!	- *good heavens!*
brathu	- *to bite*
bwletin	- *bulletin*
byd	- *world*
cael mynd	- *to be allowed to go*
camera cyflymder	- *speed camera*
cau dy geg!	- *shut your face!*
cau	- *to shut*
ci defaid	- *sheepdog*
cloi allan	- *to lock out*
cyfnewid	- *to exchange*
cyfrifol	- *responsible*
cyllell (cyllyll) (b)	- *knife (knives)*
cymorth	- *help*
cyrraedd	- *to reach, to arrive*
chwilio	- *to search*
dal	- *to catch*
damwain (damweiniau) (b)	- *accident(s)*
dannedd gosod	- *false teeth*
dathlu	- *to celebrate*
defnyddio	- *to use*
deffro	- *to wake up*
diawl diog	- *lazy lout*
digwydd	- *to happen*
diweithdra	- *unemployment*
drewllyd	- *smelly*
dringo	- *to climb*
dwyn	- *to steal*
dy hun	- *yourself*
Efrog Newydd	- *New York*
eiliad(au) (f)	- *second(s)*
erioed	- *ever*
Eryri	- *Snowdonia*
fel 'na	- *like that*
ffatri (ffatrïoedd) (b)	- *factory (factories)*
gair (geiriau)	- *word(s)*
geni	- *to be born*
gohirio	- *to postpone*
golchi'r llestri	- *to wash the dishes*
gwna fo	- *do it*
halen	- *salt*
heddlu	- *police*
lladd	- *to kill*
llanc	- *youth, teenager (male)*
lleidr (lladron)	- *thief (thieves)*
llosgi	- *to burn*
llun(iau)	- *picture(s)*
maer	- *mayor*
maes	- *field*
magu	- *to bring up, to raise*

miloedd o bunnoedd	-	*thousands of pounds*
mynydd(oedd)	-	*mountain(s)*
neges(euon) (f)	-	*message(s)*
newid	-	*to change*
newydd sbon	-	*brand new*
newyddion	-	*news*
penwythnos	-	*weekend*
peryglus	-	*dangerous*
poeni	-	*to worry*
pumdegau	-	*fifties*
rhywbeth	-	*something*
rhywun	-	*someone*
saethu	-	*to shoot*
sbardun	-	*spur, incentive*
stad ddiwydiannol (b)	-	*industrial estate*
sydyn	-	*quick*
taflen(ni) (b)	-	*leaflet(s), worksheet(s)*
tennyn	-	*tether, dog lead*
trafod	-	*to discuss*
trwm	-	*heavy*
tywysog	-	*prince*
wir	-	*really*
ymddiheuro	-	*to apologize*
yn lle	-	*instead of*
yn ôl	-	*ago*
yn ola(f)	-	*finally*
yr un ... â	-	*the same ... as*

Cwrs Sylfaen: Uned 16

Nod: Gwneud cynlluniau *Making plans*

1. Mi fydda i yna heno — *I'll be there tonight*
Mi fydda i yn y gwaith yfory — *I'll be in work tomorrow*
Mi fydda i yn y dosbarth nos Lun — *I'll be in class on Monday night*
Mi fydda i mewn wythnos nesa — *I'll be in next week*

Fyddi di yna heno? — *Will you be there tonight?*
Fyddi di yn y gwaith yfory? — *Will you be in work tomorrow?*
Fyddwch chi yn y dosbarth nos Lun? — *Will you be in class on Monday night?*
Fyddwch chi mewn wythnos nesa? — *Will you be in next week?*

Bydda, yn bendant — *Yes, definitely*
Na fydda, fydda i ddim — *No, I won't*
Ella, os bydd hi'n braf — *Perhaps, if it's fine*
Gobeithio, os bydd gen i amser — *(I) hope, if I have time*

Tasg - dyfalu lle bydd eich partner

Nodwch lle byddwch chi bob dydd yr wythnos nesa yn eich colofn chi.
Yna, rhaid dyfalu lle bydd eich partner. Rhaid dewis allan o'r rhestr yma:
*Note where you will be next week in your column. Then, you must guess
where your partner will be. You must choose from this list:*

yn y tŷ
yn y gwaith
yn y dosbarth
ar fy ngwyliau
yn y cyngerdd
ar y traeth
yn y dafarn

	Chi	Eich partner
Dydd Llun		
Dydd Mawrth		
Dydd Mercher		
Dydd Iau		
Dydd Gwener		
Dydd Sadwrn		
Dydd Sul		

2. Mi fyddwn ni'n mynd i Corfu   *We will be going to Corfu*
Mi fyddwn ni'n mynd ym mis Mehefin   *We will be going in June*
Mi fyddwn ni'n hedfan   *We will be flying*
Mi fyddwn ni'n gorwedd ar y traeth   *We will be lying on the beach*

Lle byddwch chi'n mynd?   *Where will you be going?*
Pryd byddwch chi'n mynd?   *When will you be going?*
Sut byddwch chi'n mynd?   *How will you be going?*
Be' fyddwch chi'n wneud?   *What will you be doing?*

Mi fydd o yn y dosbarth   *He'll be in class*
Mi fydd hi yn y gwaith   *She'll be in work*
Mi fydd o'n mynd i'r dosbarth   *He'll be going to class*
Mi fydd hi'n dod o'r gwaith   *She'll be coming from work*

Lle bydd John nos Fawrth?   *Where will John be on Tuesday night?*
Be' fydd Siân yn wneud nos Sul?   *What will Siân be doing on Sunday night?*

Tasg - pwy fydd yn gwneud yr un peth â chi?

Eto, nodwch yn y golofn 'chi' lle byddwch chi yn y nos yr wythnos nesa neu be' fyddwch chi'n wneud. Dewiswch o'r rhestr yma. Yna, ewch o gwmpas y dosbarth yn chwilio am rywun arall fydd yn gwneud yr un peth â chi yr un noson.

Again, write where you will be or what you will be doing next week in the column under 'chi'. Choose from this list. Then, go round the class looking for someone else who will be doing the same as you on the same night.

edrych ar y gêm
peintio'r gegin
glanhau'r tŷ
adolygu
gweithio
siopa yn Tesco
mynd â'r ci am dro
mewn cyfarfod
yn y parc efo'r plant
yn y dosbarth Jiwdo

	Chi	Eich partner
Dydd Llun		
Dydd Mawrth		
Dydd Mercher		
Dydd Iau		
Dydd Gwener		
Dydd Sadwrn		
Dydd Sul		

Yna, mi fydd eich tiwtor yn gofyn i chi ddweud pwy fydd
yn gwneud yr un peth â chi *(the same thing as you)*.

Tasg - cwestiynau

Mi fydd eich tiwtor yn rhoi llawer o gwestiynau i chi i'w gofyn i'ch gilydd
(to ask each other).

3.

Fydda i byth yn rhugl	*I'll never be fluent*
Fydda i byth yn enwog	*I'll never be famous*
Fydda i byth yn gyfoethog	*I'll never be rich*
Fydda i byth yn denau	*I'll never be thin*
Wrth gwrs byddi di!	*Of course you will!*
Mi fyddan nhw'n iawn	*They'll be fine*
Mi fyddan nhw'n barod	*They'll be ready*
Be' os na fyddan nhw'n iawn?	*What if they won't be fine?*
	(i.e. What if they're not fine?)
Be' os na fydda i'n barod?	*What if I won't be ready?*
	(i.e. What if I'm not ready?)

Deialog

A: Fyddi di yn y cyfarfod nos Sadwrn?

B: Bydda, siŵr o fod.

A: Fyddi di yno'n bendant?

B: Dw i newydd ddweud y bydda i yno.

A: Be' os na fydd neb arall yn dŵad?

B: Mi fydd pawb yno. Paid â phoeni.

A: Be' os bydda i'n hwyr?

B: Fyddi dim yn hwyr. Paid â phoeni!
      di

**Ychwanegwch eirfa
sy'n berthnasol i chi:**
*Add vocabulary that's
relevant to you:*

Geirfa

adolygu	-	*to revise*
byth	-	*never*
cyngerdd		
(cyngherddau) (b/g)	-	*concert(s)*
gorwedd	-	*to lie (down)*
rhugl	-	*fluent*
yn bendant	-	*definitely*

Gramadeg

Dyma'r tabl ar gyfer y dyfodol efo **bod**:

*Here's the table for the future of **bod**:*

Mi fydda i	Fydda i?	Fydda i ddim
Mi fyddi di	Fyddi di?	Fyddi di ddim
Mi fydd o/hi	Fydd o/hi?	Fydd o/hi ddim
Mi fyddwn ni	Fyddwn ni?	Fyddwn ni ddim
Mi fyddwch chi	Fyddwch chi?	Fyddwch chi ddim
Mi fyddan nhw	Fyddan nhw?	Fyddan nhw ddim

I ddweud **lle** byddwch chi, e.e. **Mi fydda i ar y traeth,**
Mi fyddwn ni yn y cyfarfod, dach chi ddim yn defnyddio '**n**.

*To say **where** you will be, e.g. **Mi fydda i ar y traeth,***
***Mi fyddwn ni yn y cyfarfod**, you don't use '**n**.*

Tasg - siarad

Mewn grwpiau o dri, siaradwch yn eich tro am
eich gwyliau chi - yn y gorffennol neu'r dyfodol.
Rhaid i chi siarad am ddwy funud heb stopio!

*In groups of three, take it
in turns to talk about your
holidays - in the past or
the future. You will have
to speak for two minutes
without stopping!*

Cwrs Sylfaen: Uned 17

Nod: Trafod y dyfodol *Discussing the future*

1.

Mi wna i'r te, os gwnei di'r swper	*I'll make tea, if you make supper*
Mi wna i'r llestri, os gwnei di'r glanhau	*I'll do the dishes, if you do the cleaning*
Mi wna i'r peintio, os gwnei di'r papuro	*I'll do the painting, if you do the papering*
Mi wna i'r ffurflenni, os gwnei di'r llungopïau	*I'll do the forms, if you do the photocopies*
Mi wna i'r gwaith cartre, os gwnei di bopeth arall	*I'll do the homework, if you do everything else*

A:	Mi wna i'r te os gwnei di'r swper	*I'll make tea if you make supper*
B:	Iawn, mi wna i'r swper	*OK, I'll make supper*
B:	Na wna, fedra i ddim!	*No, I can't!*

😊😊 Tasg - bargeinio efo'ch partner

Bargeiniwch efo'ch partner i benderfynu pwy sy'n mynd i wneud beth allan o'r rhestr hon:

Bargain with your partner to decide who's going to do what out of this list:

y swper

y te

y brecwast

y gwaith cartre

y glanhau

y llestri

y peintio

y papuro

y coginio

y smwddio

Chi	Eich partner
y glanhau	y coginio
y swper	y brecwast
y llestri	y te
y papuro	y peintio
y smwddio	y gwaith cartre

2.

Mi wna i godi'n gynnar	*I'll get up early*
Mi wna i ffonio i yn y bore	*I'll phone in the morning*
Mi wna i ddal y bws am saith	*I'll catch the bus at seven*
Mi wna i gyrraedd am wyth	*I'll arrive at eight*
Mi wna i godi'r plant nes ymlaen	*I'll pick up the children later on*
Wna i ddim anghofio	*I won't forget*
Be' wnewch chi yfory?	*What will you do tomorrow?*
Be' wnei di yfory?	*What will you do tomorrow?*

Tasg - gwaith pâr A   **B - tudalen 86**

Be' wnei di am...?

	Chi	Eich partner
7.00	Codi	
7.15	Ymolchi	
7.30	Bwyta tost	
8.00	Edrych ar y newyddion	
8.30	Gyrru i'r gwaith	
9.00	Cyrraedd y swyddfa	
9.20	Gwneud paned i'r bòs	
10.00	Ffonio rhywun	
12.30	Bwyta cinio	

3.

Mi wnawn ni dalu yfory	*We'll pay tomorrow*
Mi wnawn ni alw heibio nes ymlaen	*We'll call by later on*
Mi wnawn ni gyrraedd am un ar ddeg	*We'll arrive at eleven o'clock*
Mi wnawn ni weld pawb am ddeg	*We'll see everyone at ten*
Mi wnawn ni ffonio am ddeuddeg	*We'll telephone at twelve*
Pryd wnewch chi dalu?	*When will you pay?*
Pryd wnewch chi alw?	*When will you call?*
Pryd wnewch chi gyrraedd?	*When will you arrive?*
Pryd wnewch chi weld pawb?	*When will you see everyone?*
Pryd wnewch chi ffonio?	*When will you telephone?*
Wnewch chi ddim gweld dim byd	*You won't see anything*
Wnewch chi ddim prynu dim byd	*You won't buy anything*
Wnewch chi ddim dysgu dim byd	*You won't learn anything*
Wnewch chi ddim cysgu	*You won't sleep*

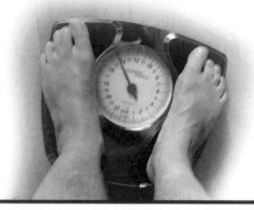

Tasg - cysylltu brawddegau

Efo'ch partner, cysylltwch y brawddegau yn y golofn gynta â'r brawddegau priodol yn yr ail golofn.

With your partner, connect the sentences in the first column with the appropriate sentences in the second column.

Dan ni'n mynd ar ddeiet	Wnewch chi ddim talu
Dan ni'n mynd i brynu gwin	Wnewch chi brynu bisgedi i mi?
Dan ni'n mynd i'r dosbarth heno	Wnewch chi ddim gweld dim byd blasus
Dan ni'n mynd i gael y bil	Wnewch chi ddim ennill
Dan ni'n mynd i Tesco yfory	Wnewch chi ddim bwyta dim byd blasus
Dan ni'n mynd i brynu tocyn raffl	Wnewch chi ddim colli dim pwysau
Dan ni'n mynd i'r gwely rŵan	Wnewch chi ddim gweld dim byd. Dach chi'n rhy fyr
Dan ni'n mynd i'r caffi nes ymlaen	Wnewch chi ddim cysgu
Dan ni'n mynd i siopa y bore 'ma	Wnewch chi ddim dysgu dim byd diddorol
Dan ni'n mynd i weld y gêm	Wnewch chi ddim prynu dim byd neis

4.

Mi wnaiff o godi am saith	*He'll get up at seven*
Mi wnaiff hi fwyta brecwast am wyth	*She'll eat breakfast at eight*
Mi wnaiff o ddarllen y papur am naw	*He'll read the paper at nine*
Mi wnaiff hi gyrraedd y dosbarth am ddeg	*She'll arrive at the class at ten*
Mi wnaiff o weld y tiwtor am un	*He'll see the tutor at one*
Mi wnaiff hi edrych ar y teledu heno	*She'll watch television tonight*
Mi wnaiff o gysgu tan saith y bore	*He'll sleep until seven in the morning*
Be' wnaiff o heno?	*What will he do tonight?*
Be' wnaiff hi yfory?	*What will she do tomorrow?*

Tasg - siarad am eich partner

Efo partner newydd, siaradwch am be' wnaiff eich partner blaenorol ar yr amserau gwahanol yn y dasg gwaith pâr ar dudalennau 84 ac 86.

With a new partner, talk about what your previous partner will do at the different times in the gwaith pâr *task on pages 84 and 86.*

5. Mi wnân nhw ffonio heno   *They'll telephone tonight*
      Mi wnân nhw'r gwaith heno   *They'll do the work tonight*
      Mi wnân nhw roi lifft i ni heno   *They'll give us a lift tonight*
      Mi wnân nhw anfon popeth aton ni heno *They'll send us everything tonight*
      Mi wnân nhw ddweud wrthon ni heno *They'll tell us tonight*
      Wnân nhw ddim aros heno   *They won't stay tonight*

  Tasg - be' wnân nhw os...
      Trafodwch â'ch partner: Be' wnân nhw os...

      ...os gwnân nhw weld damwain?

      _____

      ... os na wnaiff y bws gyrraedd?

      _____

      ... os bydd hi'n bwrw glaw?

      _____

      ... os bydd hi'n braf?

      _____

      ... os gwnân nhw weld lleidr?

      _____

      ... os gwnân nhw brynu'r tŷ?

      _____

| **Tasg - gwaith pâr B** | **A - tudalen 84** |

  Be' wnei di am...?

	Chi	Eich partner
7.00	Codi	
7.15	Yfed coffi	
7.30	Siafio	
8.00	Darllen y papur	
8.30	Dal y bws	
9.00	Cyrraedd y swyddfa	
9.20	Gweithio ar y cyfrifiadur	
10.00	Siarad efo'r bòs	
12.30	Gwneud te	

Deialog

A: Be' wnei di os gwna i'r te?

B: Os gwnei di'r te, mi wna i'r swper.

A: Iawn, mae hynny'n ddigon teg.

B: Wnei di ffonio Siân nes ymlaen?

A: Gwnaf. Mi wna i'i ffonio hi ar ôl te.

B: Mi wna i'i chyfarfod hi tu allan i Woolworth.

A: Iawn. Mi wna i ddweud wrthi hi.

B: Diolch i ti.

Geirfa

anghofio	-	to forget
bargeinio	-	to bargain
blasus	-	tasty
colli pwysau	-	to lose weight
digon teg	-	fair enough
ffurflen(ni) (b)	-	form(s)
glanhau	-	to clean
llungopi (llungopïau)	-	photocopy (-ies)
nes ymlaen	-	later on
papuro	-	to paper
popeth	-	everything

**Ychwanegwch eirfa
sy'n berthnasol i chi:**
*Add vocabulary that's
relevant to you:*

Gramadeg

Dyma amser dyfodol **gwneud** mewn tabl:
*Here is the future tense of **gwneud** in a table:*

Mi wna i	I will do
Mi wnei di	You will do
Mi wnaiff o/hi	He/she will do
Mi wnawn ni	We will do
Mi wnewch chi	You will do
Mi wnân nhw	They will do

Mae dwy ffordd o ddweud pethau yn y dyfodol:
There are two ways of saying things in the future:

Mi fydda i'n gweld	*I'll be seeing*
Mi wna i weld	*I will see*

Dyma sut mae'r dyfodol yn edrych mewn tabl:
This is how the future looks in a table:

Mi wna i weld	*I will see*
Mi wnei di weld	*You will see*
Mi wnaiff o/hi weld	*He/she will see*
Mi wnawn ni weld	*We will see*
Mi wnewch chi weld	*You will see*
Mi wnân nhw weld	*They will see*

I wneud cwestiwn, gollyngwch y 'mi':
To form a question drop the 'mi':

Wnei di'r gwaith?	*Will you do the work?*
Wnei di eu gweld nhw?	*Will you see them?*

Os

Y dyfodol sy'n cael ei ddefnyddio efo **Os**, fel arfer:
*The future tense is usually used with **Os** (if):*

Os gwnei di weld	*If you see*
Os gwnei di dalu'r pres	*If you pay the money*
Os gwnân nhw dalu	*If they pay*

Os na...

Mae treiglad hefyd ar ôl **na**:

e.e. Os na wnewch chi dalu... Os na wnewch chi brynu'r car...

Wnaiff / Wneith

Mae rhai pobl yn dweud **wneith** yn lle **wnaiff**, e.e.
*Some people say **wneith** instead of **wnaiff**, e.g.*

Wneith o dalu.

Cwrs Sylfaen: Uned 18

Nod: Mynd a dod *Coming and going*

1.
Mi a i os ei di	*I'll go if you go*
Mi awn ni os ewch chi	*We'll go if you go*
Mi ân nhw os aiff o	*They'll go if he goes*
Mi ân nhw os aiff hi	*They'll go if she goes*
Mi aiff hi os bydd hi'n braf	*She'll go if it's fine*

A: Wyt ti'n meddwl **ei di** i'r parti?
B: **Mi a i** os **ân nhw**.

 Newidiwch y darnau mewn print bras.
Change the parts in bold print.

2.
Mi ddo i os doi di	*I'll come if you come*
Mi ddown ni os dewch chi	*We'll come if you come*
Mi ddôn nhw os daw o	*They'll come if he comes*
Mi ddôn nhw os daw hi	*They'll come if she comes*
Mi ddaw hi os bydd hi'n oer	*She'll come if it's cold*

A: Wyt ti'n meddwl **doi di** i'r cyfarfod?
B: **Mi ddo i** os **dôn nhw**.

 Newidiwch y darnau mewn print bras.
Change the parts in bold print.

Tasg - trafod rhaglen yr wythnos

Dyma raglen eich gwyliau wythnos nesa yn Iwerddon. Trafodwch â'ch partner.

Here's the itinerary for your holiday next week in Ireland. Discuss with your partner.

Be' wnewch chi nos Sul?
Pryd ewch chi i'r castell?

Bore Sul	Cyrraedd Iwerddon
Nos Sul	Mynd i'r dafarn
Dydd Llun	Gweld Coleg y Drindod
Dydd Mawrth	Mynd i ffatri Guinness
Dydd Mercher	Teithio i Galway
Dydd Iau	Aros mewn gwesty braf
Dydd Gwener	Mynd am dro i'r ynysoedd
Dydd Sadwrn	Ysgrifennu'r cardiau post
Dydd Sul	Dod yn ôl adre

3. Mi ga i beint o gwrw, os cei di rywbeth   *I'll have a pint of beer, if you have something*
Mi gawn ni win coch, os cewch chi rywbeth   *We'll have red wine, if you have something*
Mi gaiff o lasied o win, os caiff hi rywbeth   *He'll have a glass of wine, if she has something*
Mi gaiff hi ddiod, os caiff o rywbeth   *She'll have a drink, if he has something*
Mi gân nhw baned o de, os bydd hi'n oer   *They'll have a cup of tea, if it's cold*

 **Tasg - canlyniadau**

Efo'ch partner, meddyliwch am ganlyniadau i'r sefyllfaoedd hyn. Dechreuwch eich ateb efo Mi gewch chi... / Mi gaiff o... / Mi ân nhw... / Mi ddaw hi... ac yn y blaen.

With your partner, think of consequences for these situations. Start your answers with Mi gewch chi... / Mi gaiff o... / Mi ân nhw... / Mi ddaw hi... etc.

Mae'r car yn mynd i dorri lawr

Dw i'n mynd i fwyta sbrowts

Mae hi'n edrych ar y teledu drwy'r dydd

Dan ni'n hoffi rhedeg bob dydd

Dw i'n mynd i brynu Skoda

Maen nhw'n mynd i sefyll arholiad

Dan ni'n mynd ar wyliau i Borth-cawl

Mae o'n gyrru'n rhy gyflym

Dw i'n mynd i yfed deg peint o gwrw heno

Dw i'n mynd i wneud naid bynji

4. Mi dala i   *I'll pay*

    Mi bryna i'r te   *I'll buy the tea*

    Mi wela i Siân heno   *I'll see Siân tonight*

    Mi ofynna i i'r tiwtor   *I'll ask the tutor*

    Mi dalwn ni   *We'll pay*

    Mi daliff o   *He'll pay*

    Mi daliff hi   *She'll pay*

    Mi dalan nhw   *They'll pay*

Dyma ffordd arall o ddweud *'I'll see'*, *'He'll pay'* ac yn y blaen.

    This is another way of saying 'I'll see', 'He'll pay' etc

Tasg - cymharu brawddegau

Darllenwch y ddwy restr isod. Pa frawddegau yn rhestr A sy'n cyfateb i'r brawddegau yn rhestr B?

    Read the two lists below. Which sentences in list A correspond to the sentences in list B?

	A.		B.
1.	Os daw o i'r cyfarfod...	1.	Os gwnaiff o gael y papur...
2.	Os darlleniff hi'r papur...	2.	Os gwnaiff hi fynd i'r cyfarfod...
3.	Os aiff hi i'r cyfarfod...	3.	Os gwnân nhw ddod i'r dre...
4.	Os caiff o'r papur...	4.	Os gwnaiff o ddod i'r cyfarfod...
5.	Os daw hi i'r dre...	5.	Os gwnaiff o weld y papur...
6.	Os gweliff o'r papur...	6.	Os gwnaiff o fynd i'r dre...
7.	Os pryniff o'r papur...	7.	Os gwnaiff hi ddod i'r dre...
8.	Os aiff o i'r dre...	8.	Os gwnân nhw fynd i'r cyfarfod...
9.	Os ân nhw i'r cyfarfod...	9.	Os gwnaiff hi ddarllen y papur...
10.	Os dôn nhw i'r dre...	10.	Os gwnaiff o brynu'r papur...

Y gorffennol

Mae'n bosibl gwneud yr un peth gyda'r gorffennol - ychwanegu terfyniadau (*endings*) at y ferf e.e.

Mi wnes i weld y ffilm ➡ Mi welais i'r ffilm

Efo'ch partner, ceisiwch ffurfio brawddeg yn y gorffennol:

    With your partner, try to form a sentence in the past:

prynu tocyn i'r cyngerdd	> mi brynais i docyn i'r cyngerdd
gweld y dyn yn y parc	>
cysgu drwy'r nos	>
talu am y bwyd	>
gorffen yn gynnar	>
darllen y papur	>

Cwrs Sylfaen: Uned 18

Geirfa

Coleg y Drindod	-	*Trinity College*
glasied (*neu* glasiaid)	-	*glass (a glassful)*
Iwerddon	-	*Ireland*
naid bynji (b)	-	*bunjee jump*
sbrowts	-	*sprouts*
sefyll arholiad	-	*to sit an examination*
torri lawr	-	*to break down*
ynys(oedd) (b)	-	*island(s)*

**Ychwanegwch eirfa
sy'n berthnasol i chi:**
> *Add vocabulary that's
> relevant to you:*

 # Gramadeg

1. Mae dwy ffordd o ddweud pethau yn y dyfodol a'r gorffennol
yn Gymraeg - y ffordd gwmpasog a'r ffordd gryno.
> *There are two ways of saying things in the future
> and past in Welsh - the long and the short forms.*

Y ffordd gwmpasog
> *The long form*

Defnyddio **gwneud** + berfenw, e.e.
*Using **gwneud** + verb-noun, e.g.*

Mi wnes i weld y ffilm *(Past)*
Mi wna i weld y ffilm *(Future)*

Y ffordd gryno
> *The short form*

Defnyddio bôn y ferf a'r terfyniad, e.e.
Using the stem of the verb and the ending, e.g.

Mi welais i'r ffilm *(Past)*
Mi wela i'r ffilm *(Future)*

2. Dyfodol cryno **mynd** a **dod**
> *Short future forms of **mynd** and **dod***

Dyma'r ffurfiau cryno ar gyfer **mynd** a **dod** yn y dyfodol mewn tabl:
> *Here are the short forms for **mynd** and **dod** in the future, in a table:*

Mi a i	Mi ddo i
Mi ei di	Mi ddoi di
Mi aiff o/hi	Mi ddaw o/hi
Mi awn ni	Mi ddown ni
Mi ewch chi	Mi ddewch chi
Mi ân nhw	Mi ddôn nhw

Cwrs Sylfaen: Uned 19

Nod: Rhoi cyngor *Giving advice*

1.

Mi ddylet ti fwyta llai	*You should eat less*
Mi ddylet ti yfed dŵr	*You should drink water*
Mi ddylet ti ddefnyddio'r bws	*You should use the bus*
Mi ddylet ti gerdded mwy	*You should walk more*
Mi ddylwn i boeni llai	*I should worry less*
Mi ddylwn i ymlacio mwy	*I should relax more*
Mi ddylwn i adolygu mwy	*I should revise more*
Mi ddylwn i fynd allan mwy	*I should go out more*
Ddylwn i ddim bwyta gymaint	*I shouldn't eat so much*
Ddylwn i ddim defnyddio'r car gymaint	*I shouldn't use the car so much*
Ddylwn i ddim smocio gymaint	*I shouldn't smoke so much*
Ddylwn i ddim yfed gymaint	*I shouldn't drink so much*

Tasg - rhoi cyngor

Efo'ch partner, meddyliwch am bedwar peth dylech chi gwneud a phedwar peth ddylech chi ddim gwneud:

With your partner think of four things you should do and four things you shouldn't do:

	Dylwn i...	Ddylwn i ddim...
1.		
2.		
3.		
4.		

2. Mi ddylai fo fynd allan mwy · *He should go out more*
Mi ddylai fo golli pwysau · *He should lose weight*
Mi ddylai hi fynd i'r gampfa · *She should go to the gym*
Mi ddylai hi adolygu bob nos · *She should revise every night*
Mi ddylen nhw briodi · *They should marry*
Mi ddylen nhw roi'r gorau i smocio · *They should give up smoking*

Be' ddylai fo wneud? · *What should he do?*
Be' ddylai hi wneud? · *What should she do?*
Be' ddylen nhw wneud? · *What should they do?*

Tasg - trafod y lluniau

Efo'ch partner, trafodwch be' ddylai'r bobl yn y lluniau hyn wneud.
With your partner, discuss what the people in these pictures should do.

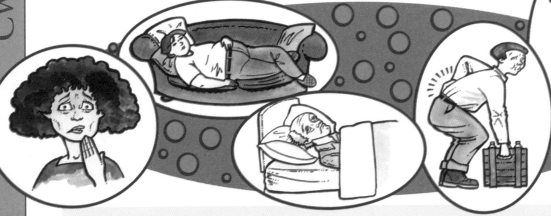

3. Mi ddylwn i fod wedi gofyn · *I should have asked*
Mi ddylwn i fod wedi mynd · *I should have gone*
Ddylwn i ddim bod wedi gadael · *I should not have left*
Ddylwn i ddim bod wedi dŵad · *I should not have come*

Be' ddylet ti fod wedi wneud? · *What should you have done?*

Tasg - siarad efo'ch partner

Dwedwch wrth eich partner be' ddylech chi fod wedi wneud ddoe. Dyma rai awgrymiadau:
Tell your partner what you should have done yesterday. Here are some suggestions:

bwydo'r gath	Meddyliwch am
glanhau'r tŷ bach	dri pheth arall:
prynu papur newydd	*Think of another*
bwyta afal	*three things:*
ffonio ffrind	

1. _____

2. _____

3. _____

4. Mi hoffwn i ddŵad heno | *I'd like to come tonight*
Mi hoffwn i gael bisgeden arall | *I'd like to have another biscuit*
Mi hoffen ni fynd i'r dafarn | *We'd like to go to the pub*
Mi hoffen ni ddweud rhywbeth | *We'd like to say something*

Be' hoffet ti wneud? | *What would you like to do?*
Hoffet ti gael un arall? | *Would you like to have another one?*

5. Mi allwn i fynd i'r cyfarfod | *I could go to the meeting*
Mi allwn i adael yn gynnar | *I could leave early*
Mi allen ni fod wedi mynd adre | *We could have gone home*
Mi allen ni fod wedi gweithio | *We could have worked*

Allech chi fod wedi mynd? | *Could you have gone?*
Allet ti fod wedi dŵad? | *Could you have come?*
Gallwn, wrth gwrs | *Yes, of course*
Na allwn, mae'n ddrwg gen i | *No, I'm sorry*

Tasg - Partner A *(Partner B - tudalen 96)*
Atebwch gwestiynau eich partner a defnyddiwch
y patrymau isod i gael gwybodaeth i lenwi'r bylchau:

Answer your partner's questions and use the patterns | **Be' hoffet ti wneud ...?**
below to find the information to fill in the grid: | **Ond be' ddylet ti wneud ...?**

chi

	Be' hoffwn i wneud	Be' ddylwn i wneud
Dydd Llun	aros yn y gwely	mynd i'r gwaith
Dydd Mawrth	gorwedd yn yr haul	gwneud yr ardd
Dydd Mercher	edrych ar y teledu	gwneud y gwaith cartre
Dydd Iau	gorwedd ar y soffa	mynd i redeg
Dydd Gwener	mynd i'r dafarn	galw i weld mam

eich partner

	Be' hoffai fo/hi wneud	Be' ddylai fo/hi wneud
Dydd Llun		
Dydd Mawrth		
Dydd Mercher		
Dydd Iau		
Dydd Gwener		

Tasg - 'Battleships'

Hoffet ti _____?   Hoffwn, wrth gwrs.

Na hoffwn, dim diolch.

canu efo Barry Manilow	darllen *War and Peace*	aros yn yr Hilton	deall S4C
byw yn Llundain	yfed deg peint o gwrw	siarad Cymraeg yn rhugl	bod yn dal
priodi rhywun enwog	dysgu Eidaleg	symud tŷ	byw yng nghefn gwlad
mynd i Wlad Belg	gyrru Mercedes	colli pwysau	gweithio'n rhan-amser

Tasg - Partner B *(Partner A - tudalen 95)*

Atebwch gwestiynau eich partner a defnyddiwch
y patrymau isod i gael gwybodaeth i lenwi'r bylchau:

Answer your partner's questions and use the patterns   **Be' hoffet ti wneud ...?**
below to find the information to fill in the grid: **Ond be' ddylet ti wneud ...?**

chi	Be' hoffwn i wneud	Be' ddylwn i wneud
Dydd Llun	codi'n hwyr	codi'n gynnar
Dydd Mawrth	darllen y papur	coginio swper
Dydd Mercher	siarad efo'r cariad	siarad efo'r bòs
Dydd Iau	yfed wisgi	yfed dŵr
Dydd Gwener	mynd allan	aros adre

eich partner	Be' hoffai fo/hi wneud	Be' ddylai fo/hi wneud
Dydd Llun		
Dydd Mawrth		
Dydd Mercher		
Dydd Iau		
Dydd Gwener		

Deialog

A: Mi ddylet ti fynd allan mwy.
B: Dylwn, ond does gen i ddim ffrindiau.
A: Hoffet ti ddŵad allan efo ni heno?
B: Hoffwn, diolch yn fawr i ti.
A: Allet ti roi lifft i ni?
B: Gallwn, wrth gwrs.

Geirfa

adolygu	-	*to revise*
bisgeden (bisgedi) (b)	-	*biscuit(s)*
campfa (b)	-	*gym*
cefn gwlad	-	*countryside*
cymaint	-	*as much*
lico *neu* licio	-	*to like*
llai	-	*less*
poeni	-	*to worry*
rhan-amser	-	*part-time*
rhoi'r gorau i	-	*to give up*
tŷ bach	-	*toilet*
ymlacio	-	*to relax*

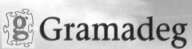 Gramadeg

Dyma amser amodol y berfau hyn mewn tabl:
Here is the conditional tense for these verbs in a table:

Mi hoffwn i	*I would like*	Mi allwn i	*I could*	Mi ddylwn i	*I should*
Mi hoffet ti	*You would like*	Mi allet ti	*You could*	Mi ddylet ti	*You should*
Mi hoffai fo/hi	*He/she would like*	Mi allai fo/hi	*He/she could*	Mi ddylai fo/hi	*He/she should*
Mi hoffen ni	*We would like*	Mi allen ni	*We could*	Mi ddylen ni	*We should*
Mi hoffech chi	*You would like*	Mi allech chi	*You could*	Mi ddylech chi	*You should*
Mi hoffen nhw	*They would like*	Mi allen nhw	*They could*	Mi ddylen nhw	*They should*

I ofyn cwestiwn, mae angen treiglad meddal ar y dechrau,
e.e. **Allech chi...? Ddylen nhw...?**

> *To ask a question, a* treiglad meddal *is needed at the beginning,*
> *e.g.* **Allech chi...? Ddylen nhw...?**

Efo brawddeg negyddol hefyd mae angen treiglad meddal ar y dechrau,
e.e. **Allwn i ddim... Ddylet ti ddim...**

> *You also need a* treiglad meddal *at the beginning of a negative sentence,*
> *e.g.* **Allwn i ddim... Ddylet ti ddim...**

Listen out for...

Instead of hoffi, *or mi hoffwn i... Welsh speakers like to use* lico *or* licio,
e.g. **Dw i'n lico coffi** *or even* **Mi liciwn i weld y ffilm**.

In the North, medru *and* gallu *are both used for 'to be able to'.*
You will hear Mi fedrwn i, Fedret ti? *as well as* Mi allwn i, Allet ti?

Cwrs Sylfaen: Uned 20

Nod: Adolygu ac ymestyn *Revision and extension*

 Dweud 'Yes' yn Gymraeg

Ymarfer efo'ch partner. Gofynnwch y cwestiynau hyn i'ch gilydd, gan ateb *Yes* yn Gymraeg.
*Practise with your partner. Ask each other these questions, answering **Yes** in Welsh.*

Dach chi'n **gweithio** ar hyn o bryd?	Aethoch chi **i'r dafarn** neithiwr?
Athro / Athrawes dach chi?	Fyddwch chi'n mynd **i'r gwaith** yfory?
Oedd hi'n **wlyb** ddoe?	Mae 'na ddigon o **bres yn y banc**.
Oes gynnoch chi **frawd**?	Mae hi'n **braf** heddiw.
Ga i **fynd** rŵan?	

Newidiwch y geiriau mewn print bras.
Change the words in bold print.

 Cynlluniau heno

Dewiswch o'r rhestr yma a llenwi'r golofn **Chi**. Yna,
holwch eich partner i weld lle bydd o/hi ar yr amserau gwahanol.
*Choose from this list and fill the column **Chi**. Then, ask your
partner questions to see where he/she will be at the different times.*

6 × yn y gampfa
6 × yn y garafán
6 ✓ mewn cyfarfod
9 ✓ efo'r cariad
7 × mewn ymarfer
6 × yn y gawod
7 × yn y tŷ bwyta
7 × yn y pwll nofio
7 × yn gweithio yn yr ardd
7 × yn gweithio yn y swyddfa

Chi		Eich partner	
5.30		5.30	
6.00		6.00	
6.30		6.30	
7.00		7.00	
7.30		7.30	
8.00		8.00	
8.30		8.30	
9.00		9.00	

Fyddi di yn y gawod am wyth o'r gloch?   Bydda / Na fydda

Holiadur

Mae cwmni ymchwil farchnad wedi gofyn i chi ddysgu mwy am arferion pobl
ar benwythnosau. Mi fydd eich tiwtor yn dosbarthu'r holiadur. Gofynnwch y cwestiynau
i o leiaf bump person. Mi fyddan nhw'n gofyn i chi hefyd.

> *A market research company has asked you to find out more about
> people's weekend habits. Your tutor will give you the questionnaire.
> Ask at least five people the questions. They will ask you as well.*

Matsio brawddegau

Efo'ch partner, trafodwch be' yng ngholofn A allai fod yn ganlyniad
i rywbeth sy yng ngholofn B, e.e. Mi wnaiff o wisgo dillad gwyn os aiff o i glwb nos.

> *With your partner, discuss what in column A could be the result of something
> in column B, e.g.* He'll wear white clothes if he goes to a night club.

Os...

A	B
Gwisgo dillad gwyn	Pysgota
Prynu gwely	Talu bil
Bwyta popcorn	Mynd i Safeway
Gwisgo welingtons	Newid llyfr
Gwisgo siwt	Mynd i Slumberland
Gwneud aerobics	Mynd i'r sinema
Eistedd ar y soffa	Chwarae tennis
Mynd i'r Swyddfa Bost	Edrych ar y teledu
Mynd i'r llyfrgell	Mynd i glwb nos
Prynu bwyd	Mynd i'r ganolfan hamdden

Arddywediad

Mi fydd eich tiwtor yn rhoi darnau i chi eu har-ddweud
wrth eich partner. Wrth wrando, ysgrifennwch y darn ar bapur sgrap,
yna gwirio be' dach chi wedi ei ysgrifennu o'i gymharu â'r darn gwreiddiol.

> *Your tutor will give you pieces to dictate to your partner. As you listen, write the
> piece on scrap paper, then check what you've written compared to the original text.*

Dewi	Eleri

Mae'r ddau'n....

Gwrando

Gwrandewch ar y ddeialog
a llenwch y ffurflen yma:
*Listen to the dialogue
and fill in this form:*

Geirfa

anrheg(ion) (b)	-	*present(s)*
archebu	-	*to order*
brys	-	*hurry*
canolig	-	*medium*
cawod(ydd) (b)	-	*shower(s)*
cerdyn credyd	-	*credit card*
cludiant	-	*transport*
dramor	-	*abroad*
i'w weld o	-	*to see him*
maint	-	*size*
nifer	-	*number*

**Ychwanegwch eirfa
sy'n berthnasol i chi:**
*Add vocabulary that's
relevant to you:*

Ffurflen Archebu 'Dillad Dilys'
'Dillad Dilys' Order Form

Enw'r Cwsmer: _____

Cyfeiriad: _____

_____

_____

Cod Post: _____

Rhif Ffôn: _____

Eitem: _____

Maint a nifer:
(Size and number)

Bach	Canolig	Mawr	Mawr iawn

Pris (yn cynnwys cludiant): _____
(including postage)

Talu sut?:

Cerdyn	Siec	Arian	Taleb *(voucher)*

Neges ar y parsel: _____

_____

Mastermind

Be' wnewch chi dros y penwythnos, os bydd hi'n braf?

Be' wnewch chi dros y penwythnos, os bydd hi'n bwrw glaw?

Lle byddwch chi am naw o'r gloch heno?

Lle oeddet ti am naw o'r gloch neithiwr?

Be' ddylech chi wneud heno?

Be' hoffech chi wneud heno?

Dach chi'n nabod rhywun sy'n byw dramor?

Be' dach chi'n feddwl o'r bobl drws nesa i chi?

Be' ydy'ch hoff fwyd chi?

Pwy ydy'ch hoff ganwr chi?

Rhestr gyfair *Check list*

✔ **Ticiwch be' dach chi'n medru wneud.** *Tick what you can do.*

☐ Dw i'n medru dweud lle bydda i yn y dyfodol
I can say where I will be in the future

☐ Dw i'n medru holi rhywun arall lle bydd o neu hi yn y dyfodol
I can ask someone else where they will be in the future

☐ Dw i'n medru dweud lle bydd rhywun arall yn y dyfodol
I can say where someone else will be in the future

☐ Dw i'n medru dweud be' fydda i'n wneud yn y dyfodol
I can say what I will be doing in the future

☐ Dw i'n medru holi rhywun arall be' fydd o neu hi'n wneud yn y dyfodol
I can ask someone else what they will be doing in the future

☐ Dw i'n medru dweud be' fydd rhywun arall yn wneud yn y dyfodol
I can say what someone else will be doing in the future

☐ Dw i'n medru trafod canlyniadau gwneud pethau
I can discuss the consequences of doing things

☐ Dw i'n medru trafod mynd a dŵad yn y dyfodol (Mi a i, Mi ddo i)
I can discuss coming and going in the future (Mi a i, Mi ddo i)

☐ Dw i'n medru dweud be' ddylwn i wneud a be' ddylwn i ddim wneud
I can say what I ought and ought not to do

☐ Dw i'n medru rhoi cyngor i rywun a dweud be' ddylen nhw wneud
I can give someone advice and say what they ought to do

☐ Dw i'n medru dweud be' hoffwn i wneud
I can say what I would like to do

☐ Dw i'n medru gofyn be' hoffai rhywun arall wneud
I can ask what someone else would like to do

☐ Dw i'n medru dweud be' allwn i neu be' fedrwn i wneud
I can say what I could do

☐ Dw i'n medru gofyn be' allai neu be' fedrai rhywun arall wneud
I can ask what someone else could do

Geirfa Graidd - unedau 16–20

adolygu	-	*to revise*
anghofio	-	*to forget*
bargeinio	-	*to bargain*
bisgeden		
(bisgedi) (b)	-	*biscuit(s)*
blasus	-	*tasty*
byth	-	*never*
campfa (b)	-	*gym*
cefn gwlad	-	*countryside*
colli pwysau	-	*to lose weight*
cyngerdd		
(cyngherddau)		
(b/g)	-	*concert(s)*
cymaint	-	*as much*
digon teg	-	*fair enough*
ffurflen(ni) (b)	-	*form(s)*
glanhau	-	*to clean*
glasied		
(*neu* glasiaid)	-	*glass (a glassful)*
gorwedd	-	*to lie (down)*
Iwerddon	-	*Ireland*
licio	-	*to like*
llai	-	*less*
llungopi		
(llungopïau)	-	*photocopy(-ies)*
naid bynji (b)	-	*bunjee jump*
nes ymlaen	-	*later on*
papuro	-	*to paper*
poeni	-	*to worry*
popeth, pob dim	-	*everything*

rhan-amser	-	*part-time*
rhoi'r gorau i	-	*to give up*
rhugl	-	*fluent*
sbrowts	-	*sprouts*
sefyll arholiad	-	*to sit an examination*
torri lawr	-	*to break down*
tŷ bach	-	*toilet*
ymlacio	-	*to relax*
yn bendant	-	*definitely*
ynys(oedd) (b)	-	*island(s)*

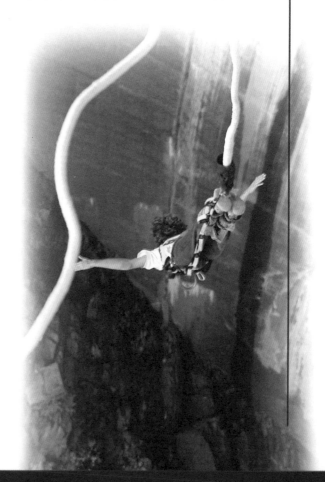

Cwrs Sylfaen: Uned 21

Nod: Dweud be' fasech chi'n wneud... *Saying what you would do...*

1.

Mi faswn i'n rhoi pres i Barnados	*I'd give money to Barnados*
Mi faswn i'n mynd ar wyliau i America	*I'd go on holiday to America*
Mi faswn i'n prynu car newydd	*I'd buy a new car*
Mi faswn i'n symud i Aberhonddu	*I'd move to Brecon*
Efo miliwn o bunnoedd...	*With a million pounds...*
Faset ti'n rhoi pres i Oxfam?	*Would you give money to Oxfam?*
Faset ti'n mynd ar wyliau i Albania?	*Would you go on holiday to Albania?*
Faset ti'n prynu cwch hwylio?	*Would you buy a yacht?*
Faset ti'n symud i Gaernarfon?	*Would you move to Caernarfon?*
Baswn	*Yes, I would*
Na faswn, byth!	*No, never!*

Tasg - sut i wario'r pres

Trafodwch â'ch partner. Ceisiwch gytuno ar un elusen i roi arian iddi, un lle gwyliau i fynd iddo, un peth i'w brynu, ac un lle i symud iddo, efo miliwn o bunnoedd.

Discuss with your partner. Try to agree on one charity to give money to, one place to go on holiday to, one thing to buy, and one place to move to, with a million pounds.

Mi fasen **ni'n** rhoi pres i Tenovus	***We'd** give money to Tenovus*
Mi fasen **ni'n** mynd ar wyliau i Ffrainc	***We'd** go on holiday to France*

Tasg – dyfalu pwy

Gêm ichi ei chwarae fel dosbarth. Ar ddarn o bapur, ysgrifennwch un peth fasech chi'n wneud efo miliwn o bunnoedd. Mi fydd eich tiwtor yn egluro be' sy'n digwydd nesa!

*A game for the class to play. Write on a piece of paper one thing **you** would do with a million pounds. Your tutor will explain what happens next!*

2.

Mi fasai fo'n mynd ar brotest	*He'd go on a protest*
Fasai fo ddim yn siarad Cymraeg mewn siop	*He wouldn't speak Welsh in a shop*
Mi fasai hi'n teithio ar feic modur	*She'd travel on a motor bike*
Fasai hi ddim yn byw mewn gwlad dramor	*She wouldn't live in a foreign country*
Mi fasen nhw'n rhoi pres ar y ceffylau	*They'd put money on horses*
Fasen nhw ddim yn bwyta bwyd GM	*They wouldn't eat GM food*

Fasai fo'n mynd?	Basai/Na fasai	*Would he go?*	*Yes/No*
Fasai hi'n mynd?	Basai/Na fasai	*Would she go?*	*Yes/No*
Fasen nhw'n mynd?	Basen/Na fasen	*Would they go?*	*Yes/No*

Tasg - gêm gadwyn

Siaradwch am be' fasai pawb yn wneud efo miliwn o bunnoedd - fyddwch chi'n cofio?

Talk about what everyone would do with a million pounds - will you remember?

Holiadur

Cwestiwn: Fasech chi'n _____ ?

Enw:	✔ Baswn	✔ Na faswn

3. Mi fasai'n well gen i fynd i Sbaen   *I'd rather go to Spain*

Mi fasai'n well gen i fynd ar gwrs Cymraeg   *I'd rather go on a Welsh course*

Mi fasai'n well gynnon ni fynd allan i'r dafarn   *We'd rather go out to the pub*

Mi fasai'n well gynnon ni fynd i'r sinema   *We'd rather go to the cinema*

A: Hoffech chi fynd i Ffrainc?   *Would you like to go to France?*

B: Mi fasai'n well gynnon ni fynd i Sbaen   *We'd rather go to Spain*

A: Hoffech chi fynd allan i'r dafarn?   *Would you like to go out to the pub?*

B: Mi fasai'n well gen i fynd i'r sinema   *I'd rather go to the cinema*

Tasg - be' fasai'n well gynnoch chi wneud?

Efo'ch partner, meddyliwch be' fasai'n well gynnoch chi wneud.
> *With your partner, think of what you'd rather do.*

1. Hoffech chi fwyta swper mawr?   e.e. Mi fasai'n well gen i fwyta brechdan

2. Hoffech chi fynd ar gwrs Ffrangeg? _____

3. Hoffech chi weithio mewn banc? _____

4. Hoffech chi ganu mewn côr? _____

5. Hoffech chi wrando ar Pavarotti? _____

6. Hoffech chi fwyta malwod? _____

7. Hoffech chi symud i Loegr? _____

8. Hoffech chi fod yn diwtor? _____

Deialog

A: Liciet ti fod yn blismon?

B: Na licien. Faswn i ddim yn medru gwneud hynny.

A: Be' liciet ti wneud, 'ta?

B: Dw i ddim yn gwybod.

A: Rhaid bod gen ti syniad.

B: Nac oes. Chwarae teg, dim ond deg oed dw i!

Geirfa

Aberhonddu	-	*Brecon*
beic modur	-	*motor bike*
bwyd GM	-	*GM food*
ceffyl(au)	-	*horse(s)*
cwch hwylio	-	*yacht, lit. sailing boat*
gwlad dramor (gwledydd tramor) (b)	-	*foreign country(-ies)*
malwen (malwod) (b)	-	*snail(s)*

Ychwanegwch eirfa sy'n berthnasol i chi:
Add vocabulary that's relevant to you:

Gramadeg

Dyma amser amodol **bod**. Mae'r terfyniadau yr un peth ag ar gyfer **Mi ddyl-**, **Mi hoff-**, **Mi all-**.
This is the conditional of **bod**. *The endings are the same as for* **Mi ddyl-**, **Mi hoff-**, **Mi all-**.

Mi faswn i	Faswn i?	Faswn i ddim
Mi faset ti	Faset ti?	Faset ti ddim
Mi fasai fo	Fasai fo?	Fasai fo ddim
Mi fasai hi	Fasai hi?	Fasai hi ddim
Mi fasen ni	Fasen ni?	Fasen ni ddim
Mi fasech chi	Fasech chi?	Fasech chi ddim
Mi fasen nhw	Fasen nhw?	Fasen nhw ddim

Wrth gysylltu â gweddill y frawddeg, mae angen **yn** / **'n** fel arfer, e.e. Mi faswn i'n mynd.
When linking with the rest of the sentence, you usually need **yn** / **'n**, *e.g.* Mi faswn i'n mynd.

Wrth gysylltu **Mi ddylwn i...**, **Mi hoffwn i... Mi allwn i...** â gweddill y frawddeg, does dim **yn** / **'n**, ond mae angen treiglad meddal ar y ferf, e.e. Mi ddylwn i **f**ynd
When linking **Mi ddylwn i...**, **Mi hoffwn i... Mi allwn i...** *to the rest of the sentence, you don't need* **yn** / **'n** *but you do need a* treiglad meddal *in the verb, e.g.* Mi ddylwn i **f**ynd

Cwrs Sylfaen: Uned 22

Nod: Dweud be' fasech chi'n wneud, tasai... *Saying what you would do, if...*

1.

Mi faswn i'n mynd am dro, tasai hi'n braf	*I'd go for a walk, if it were fine*
Mi faswn i'n garddio, tasai'n hi'n braf	*I'd work in the garden, if it were fine*
Mi faswn i'n rhedeg ar y traeth, tasai hi'n braf	*I'd run on the beach, if it were fine*
Faswn i ddim yn aros yn y tŷ, tasai hi'n braf	*I wouldn't stay in the house, if it were fine*
Mi faswn i'n darllen mwy, tasai gen i amser	*I'd read more, if I had time*
Mi faswn i'n gwneud ioga, tasai gen i amser	*I'd do yoga, if I had time*
Mi faswn i'n symud, tasai gen i bres	*I'd move, if I had money*
Mi faswn i'n mynd ar wyliau, tasai gen i bres	*I'd go on holiday, if I had money*
Be' faset ti'n wneud, tasai hi'n braf?	*What would you do, if it were fine?*
Be' faset ti'n wneud, tasai gen ti amser?	*What would you do, if you had time?*

 Tasg - taswn i'n mynd i'r tŷ bwyta yma...

Edrychwch ar y fwydlen yma. Be' fasech chi'n ddewis? Trafodwch â'ch partner.

Look at this menu. What would you choose? Discuss with your partner.

Caffi'r Cwm
BWYDLEN

I ddechrau: Cawl
Pate ar dost
Madarch mewn garlleg

Prif gwrs: Pysgodyn mewn saws
Cyri cyw iâr poeth (efo reis)
Cig eidion (efo llysiau a thatws)
Twrci (efo llysiau a thatws)
Pasta mewn saws tomato *(addas i lysieuwyr)*

Pwdin: Treiffl
Hufen iâ
Cacen gaws

Bargen amser cinio: 2 gwrs am £9.50, 3 chwrs am £15.

2. Taswn i'n gweld damwain,
  mi faswn i'n ffonio'r heddlu
Taswn i'n gweld lleidr mewn siop,
  faswn i ddim yn gwneud dim byd
Taswn i wedi colli'r goriad i'r tŷ,
  mi faswn i'n ffonio ffrind
Taswn i'n gweld rhywun oedd
  yn sâl, mi faswn i'n trio helpu

If I saw an accident,
  I'd phone the police
If I saw a thief in a shop,
  I wouldn't do anything
If I'd lost the key to the house,
  I'd phone a friend
If I saw someone who was
  ill, I'd try to help

Tasg - sefyllfaoedd
Efo'ch partner, trafodwch be' fasech
chi'n wneud yn y sefyllfaoedd hyn:
  *With your partner, discuss what
  you would do in these situations:*

3. Mi fasai fo'n sgïo ar y môr, tasai fo'n gallu
Mi fasai fo'n gwneud naid bynji, tasai
  fo'n cael
Mi fasai hi'n symud tŷ, tasai hi'n gallu
Mi fasai hi'n mynd i Tibet, tasai hi'n cael

Fasai ots gen ti, tasen nhw'n
  dŵad hefyd?
Fasai ots gen ti, tasen nhw'n
  cael gwybod?

He'd ski on the sea, if he could
He'd do a bunjee jump, if he were allowed to

She'd move house, if she could
She'd go to Tibet, if she were allowed to

Would you mind, if they came as well?

Would you mind, if they got to know?

Faswn i ddim yn gwneud hynny, yn dy le di	*I wouldn't do that, if I were you (in your place)*
Faswn i ddim yn aros, yn dy le di	*I wouldn't stay, if I were you*
Faswn i ddim yn gwahodd pawb, yn dy le di	*I wouldn't invite everyone, if I were you*

Tasg - gwahodd

Efo'ch partner, meddyliwch am bump person enwog i'w gwahodd i swper. Meddyliwch am resymau hefyd, e.e. Mi fasen ni'n gwahodd Tom Jones - mi fasai fo'n medru canu ar ôl y bwyd. Yna, meddyliwch am bobl fasech chi **ddim** yn eu gwahodd!

*With your partner, think of five famous people to invite to supper. Think of reasons as well, e.g. Mi fasen ni'n gwahodd Tom Jones - mi fasai fo'n medru canu ar ôl y bwyd. Then think of people you would **not** invite!*

Tasg - matsio brawddegau

Cysylltwch ddau hanner priodol y brawddegau hyn:

Connect the two appropriate halves of these sentences:

Mi faswn i'n prynu Mercedes	tasai hi ar goll
Mi faswn i'n sâl	tasai gen i ddigon
Mi fasai fo'n gwisgo cot	tasai gynnyn nhw gur pen
Mi fasen nhw'n cymryd aspirin	tasen ni'n eistedd fan hyn?
Faswn i ddim wedi codi eto	taset ti'n gweld rhywun yn dwyn?
Mi faswn i wedi rhoi'r pres i ti	taswn i'n yfed deg peint o gwrw
Fasai ots gynnoch chi	tasai gen i lawer o bres
Mi fasech chi wedi ennill	tasai hi'n ddydd Sul
Faset ti'n dweud wrth yr heddlu	tasech chi wedi dal ati
Mi fasai hi'n gofyn i rywun am help	tasai hi'n bwrw glaw

Rhowch y ddeialog yma yn y drefn iawn

Na faswn. Pam dylwn i? _____

Dw i ddim yn dy nabod di! _____

Pam wyt ti'n meddwl hynny? _____

Does gen i ddim pres o gwbl. _____

Faset ti'n rhoi benthyg pres i mi? _____

Faswn i ddim yn cael dim byd yn ôl. _____

Gramadeg

1. Mae'r gair Saesneg **if** yn gynwysedig yn y rhan **taswn i...** ac yn y blaen.
Dach chi ddim yn medru dweud **os** yma.

*The English word **if** is included in the part **taswn i...** etc. You can't say **os** here.*

Taswn i	Tasen ni
Taset ti	Tasech chi
Tasai fo/hi	Tasen nhw

2. Mae siaradwyr Cymraeg yn talfyrru yma yn aml iawn,
e.e. **'swn i'n mynd, 'swn i'n medru**.

*Welsh speakers often abbreviate here, e.g. **'swn i'n mynd, 'swn i'n medru**.*
Also listen out for:

Mi fasen i... *instead of* **Mi faswn i...**

In South Wales, **Byddwn i...** *etc. is often used instead (i.e.* **Bydd_** *with the same endings).*

Geirfa

addas	- *suitable*		hufen iâ	- *ice cream*
bargen			llysieuwr (llysieuwyr)	- *vegetarian(s)*
(bargeinion) (b)	- *bargain(s)*		llysieuyn (llysiau)	- *vegetable(s)*
beichiog	- *pregnant*		madarch	- *mushrooms*
cacen gaws			meddwl	- *to think, to believe*
(cacennau caws) (b)	- *cheese cake(s)*		rhoi benthyg	- *to lend*
cael	- *to have; to be allowed*		saws	- *sauce*
cael gwybod	- *to get to know*		sefyllfa(oedd) (b)	- *situation(s)*
	(lit. *to be allowed*		treiffl	- *trifle*
	to know)		trwm	- *heavy*
cawl	- *soup; stew*		yn dy le di	- *if I were you*
cig eidion, bîff	- *beef*			(lit. *in your place*)
cwrs (cyrsiau)	- *course(s)*		ynys(oedd) (b)	- *island(s)*
cyfoethog	- *rich*			
cymryd	- *to take*			
disgwyl babi	- *to expect a baby*			
dwyn	- *to steal*			
fan hyn, fan yma	- *here*			
garlleg	- *garlic*			
gwahodd	- *to invite*			

**Ychwanegwch eirfa
sy'n berthnasol i chi:**

*Add vocabulary that's
relevant to you:*

Cwrs Sylfaen: Uned 23

Pa mor bell yw'r llawr?

Nod: Trafod pellter, maint a phwysau *Discussing distance, size and weight*

1.

Dydy o ddim yn bell	*It's not far*
Mae o'n bell iawn	*It's very far*
Tua milltir, siŵr o fod	*About a mile, probably*
Tua dwy filltir, am wn i	*About two miles, I suppose*
Tua phum milltir i'r de, medden nhw	*About five miles to the south, they say*
Pa mor bell ydy hi i'r dre?	*How far is it to town?*
Pa mor bell ydy'r parc o fan hyn?	*How far is the park from here?*
Pa mor bell i ffwrdd ydy'r dafarn?	*How far away is the pub?*

Tasg - trafod yr arwydd

Trafodwch pa mor bell ydy'r llefydd yma, efo'ch partner:

Discuss how far these places are, with your partner:

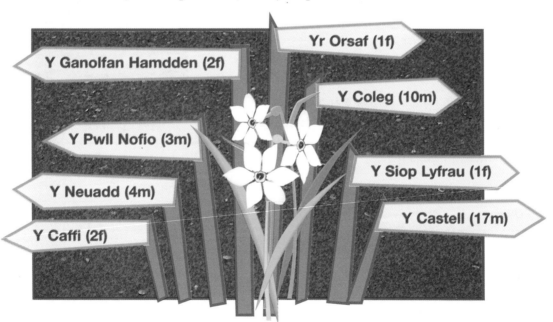

Yr Orsaf (1f)
Y Ganolfan Hamdden (2f)
Y Coleg (10m)
Y Pwll Nofio (3m)
Y Siop Lyfrau (1f)
Y Neuadd (4m)
Y Castell (17m)
Y Caffi (2f)

2. Dydy o ddim yn fawr iawn   *It's not very big*
Mae o'n fawr iawn   *It's very big*
Mae o'n enfawr   *It's enormous*

Mae o tua dwy droedfedd o hyd   *It's about two foot long*
Mae o tua thair troedfedd o led   *It's about three foot wide*
Mae o tua deg troedfedd o drwch   *It's about ten foot thick*
Mae o tua ugain troedfedd o uchder   *It's about twenty foot high*

Pa mor fawr ydy o?   *How big is it?*
Pa liw ydy o?   *Which colour is it?*
Be' ydy ei hyd o?   *What is its length?*
Be' ydy ei led o?   *What is its width?*
Be' ydy ei uchder o?   *What is its height?*

Tasg - dyfalu'r gwrthrych

Yn barau, meddyliwch am dair neu bedair brawddeg i ddisgrifio gwrthrych wrth y dosbarth. Mi fyddan nhw'n dyfalu be' ydy o. Mi fydd eich tiwtor yn helpu.

In pairs, think of three or four sentences to describe an object to the rest of the class. They will guess what it is. Your tutor will help.

Tasg - siarad am y tabl

Efo'ch partner, siaradwch am y pethau isod. Llenwch y bylchau yn eich tabl chi.

With your partner, discuss the things listed below. Fill in the gaps in your table.

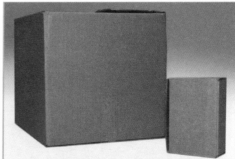

Partner A	(Mae tabl Partner B ar dudalen 114)

Be'	Trwm	Lliw	Hyd	Lled	Uchder
Bocs mawr	eitha trwm		2'		2'
Bwrdd		brown		4'	
Oergell	trwm iawn		3'		5'
Microdon		arian		1'	
Cwpwrdd	eitha trwm		1'		5'
Bath		gwyn		3'	

3. Mae o'n pwyso deg stôn a hanner   *He weighs ten and a half stone*
Mae hi'n pwyso tua naw stôn   *She weighs about nine stone*

Mae o tua phum troedfedd, dwy fodfedd   *He's around five foot, two inches*
Mae hi tua chwe throedfedd   *She's around six foot*

Pa mor drwm ydy Bryn?   *How heavy is Bryn?*
Pa mor dal ydy Eleri?   *How tall is Eleri?*

 Tasg - siarad am bobl
Efo'ch partner, siaradwch am y bobl yma:
    With your partner, talk about these people:

Enw:	Bryn	Jac	Eifion
Taldra:	6'	5'6"	5'
Pwysau:	20 stôn	10 stôn	9 stôn

Enw:	Ethel	Meryl	Delilah
Taldra:	5'	5'6"	6'
Pwysau:	8 stôn	12 stôn	16 stôn

Deialog

A: Wnei di gario'r bocs draw i'r siop i mi?
B: Gwnaf wrth gwrs. Lle mae o?
A: Yn y lolfa.
B: Pa mor fawr ydy o?
A: Mae o tua throedfedd o hyd a throedfedd o led.
B: Ydy o'n drwm?
A: Nac ydy, ddim o gwbl.
B: Pa mor bell ydy'r siop o fan hyn?
A: Tua hanner milltir. Os ei di rŵan, mi fydd y siop ar agor.
B: Popeth yn iawn.

Newidiwch y ddeialog:
    Change the dialogue to talk about a parcel which is in the garage,
    and needs to be taken to the house. The parcel's around half a foot
    wide and fairly heavy. The house is a mile away, but no problem by car.

Tasg - bwletin tywydd

Darllenwch y bwletin tywydd yma yn uchel i'ch partner, a thanlinellu'r
darnau dach chi ddim yn eu deall. Mi fydd eich tiwtor yn eich helpu.
*Read this weather bulletin aloud to your partner and underline
the parts you don't understand. Your tutor will help you.*

Dyma'r tywydd. Mae hi'n bwrw eira yng ngogledd Cymru ar hyn o bryd.

Byddwch yn ofalus os dach chi ar y ffordd adre yn y car. Does 'na ddim eira

yn ne Cymru, ond mae hi'n oer iawn dros y wlad.

Heno, mi fydd y gwynt yn codi yn y Gogledd, ac mi fydd niwl o gwmpas

yn ne Cymru. Mi fydd y ffyrdd yn beryglus dros nos, felly.

Fodd bynnag, mi fydd y tywydd yn gwella dros y penwythnos. Mi fydd hi'n braf ledled

Cymru, mae'n debyg, ond mi fydd hi'n para'n wyntog ar hyd y Gogledd tan ddydd

Llun. Os dach chi'n hwylio i Iwerddon, ffoniwch i wneud yn siŵr fod y fferi'n mynd.

Llenwch y bylchau ar y
map hwn ar sail y bwletin:
*Fill in the gaps
on this map on the
basis of the bulletin:*

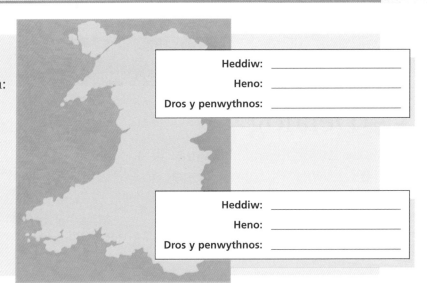

Heddiw: _____
Heno: _____
Dros y penwythnos: _____

Heddiw: _____
Heno: _____
Dros y penwythnos: _____

Partner B	(Tasg - Siarad am y tabl, tudalen 112)				
Be'	**Trwm**	**Lliw**	**Hyd**	**Lled**	**Uchder**
Bocs mawr		du		1'	
Bwrdd	trwm		3'		4' a hanner
Oergell		gwyn		3'	
Microdon	ddim yn drwm		1' a hanner		1'
Cwpwrdd		glas		3'	
Bath	trwm iawn, iawn		7'		3' a hanner

Gramadeg

1. Defnyddiwch air unigol ar ôl rhif yn Gymraeg bob amser:
   Always use a singular noun after a number in Welsh:

   dwy filltir   - *two miles*   (*the plural of* milltir *is* milltiroedd)
   tair merch   - *three daughters*   (*the plural of* merch *is* merched)

2. *Use* **Pa mor...?** *to mean* **How...?** *before an adjective, e.g.* Pa mor dal...? (*How tall...?*)
   Use **Sut...?** *to mean* **How...?** *in other places, e.g.* Sut dach chi?

Geirfa

am wn i	- *I suppose, as far as I know*		para	- *to last*
			pwysau	- *weight*
cwmpawd	- *compass*		pwyso	- *to weigh*
De	- *South*		siŵr o fod	- *probably*
draw	- *over (there)*		stôn	- *stone (weight)*
dros	- *over (e.g. a bridge)*		taldra	- *height*
Dwyrain	- *East*		troedfedd(i) (b)	- *foot (in length)*
fferi	- *ferry*		trwch	- *thickness*
gofalus	- *careful*		uchder	- *height*
Gogledd	- *North*			
Gorllewin	- *West*			
gorsaf(oedd) (b)	- *station(s)*			
gwella	- *to get better*			
hwylio	- *to sail*			
hyd	- *length*			
i ffwrdd	- *away*			
ledled	- *all over*			
lled	- *width*			
mae'n debyg	- *probably*			
medden nhw	- *they say, so they say*			
milltir(oedd) (b)	- *mile(s)*			
modfedd(i) (b)	- *inch(es)*			
neuadd(au) (b)	- *hall(s)*			

**Ychwanegwch eirfa
sy'n berthnasol i chi:**
   *Add vocabulary that's
   relevant to you:*

Cwrs Sylfaen: Uned 24

Nod: Cymharu pethau a phobl I *Comparing things and people I*

1.

Dydy hi ddim mor ddel â hynny	She's not as pretty as that (not all that pretty)
Dydy hi ddim mor gyfoethog â Bill Gates	She's not as rich as Bill Gates
Dydy o ddim mor olygus â hynny	He isn't as handsome as that (not all that handsome)
Dydy o ddim mor boblogaidd â Tom Jones	He isn't as popular as Tom Jones
Dydy o ddim mor ddrud â cafiar	It isn't as expensive as caviar
Dydy o ddim mor rhad â bara	It isn't as cheap as bread
Dydy o ddim mor dal â David Beckham	He isn't as tall as David Beckham
Dydy o ddim mor fyr â Danny DeVito	He isn't as short as Danny DeVito

A: Mae Twiggy'n denau *Twiggy's thin*
B: Dydy hi ddim mor denau *She isn't as thin as*
   ag Angelina Jolie   *Angelina Jolie*

â > ag (o flaen llafariad)
   (in front of a vowel)

☺☺ Tasg - cymharu dau berson / dau beth

Meddyliwch am bobl sy'n enwog, tew, golygus, del, cyfoethog, poblogaidd, byr, tal, ifanc a phethau sy'n ddrud ac yn rhad. Defnyddiwch y cwestiwn a'r ateb A/B i siarad amdanyn nhw.

Think of people who are famous, fat, handsome, pretty, rich, popular, short, tall, young and things which are expensive and cheap. Use the question and answer A/B to talk about them.

A: Mae Microsoft yn ddrud *Microsoft is expensive*
B: Dydy o ddim mor ddrud *It's not as expensive as Apple Macintosh*
   ag Apple Macintosh

2. Dyn nhw ddim cystal â'r Manics | *They're not as good as the Manics*
Dydy o ddim cynddrwg â *Big Brother* | *It's not as bad as* Big Brother
Dydy o ddim cymaint â hynny | *It's not as much as that*
Dydy o ddim mor bell ag Efrog Newydd | *It's not as far as New York*

A: Mae'r Stereophonics yn dda | *The Stereophonics are good*
B: Dyn nhw ddim cystal â'r Manics | *They're not as good as the Manics*

 Tasg - cymharu pobl enwog

Dwedwch rywbeth am y bobl yma:

e.e. Sean Connery: _Dydy o ddim cystal â Pierce Brosnan_

Ryan Giggs: _____

Catherine Zeta Jones: _____

The Rolling Stones: _____

Shirley Bassey: _____

Pobl y Cwm: _____

3. Maen nhw mor gas â'i gilydd | *They're as nasty as each other*
Dach chi mor dwp â'ch gilydd | *You're as stupid as each other*
Dan ni mor dwp â'n gilydd | *We're as stupid as each other*
Dan ni mor euog â'n gilydd | *We're as guilty as each other*

 Tasg – defnyddio 'ei gilydd'

A: Mae Bryn yn gas | *Bryn's nasty*
B: Mae Siân yn gas hefyd | *Siân's nasty too*
A: Maen nhw mor gas â'i gilydd | *They're as nasty as each other*

A: Mae Bryn yn dwp | *Bryn's stupid*
B: Dw i'n dwp hefyd | *I'm stupid as well*
A: Dach chi mor dwp â'ch gilydd | *You're as stupid as each other*

A: Dw i'n euog | *I'm guilty*
B: Dw i'n euog hefyd | *I'm guilty as well*
A: Dan ni mor euog â'n gilydd | *We're as guilty as each other*

Defnyddiwch y geiriau yma i ymarfer y deialogau:
Use these words to practise the dialogues:

 hyll   swnllyd   diog   hapus   cyfoethog   poblogaidd

4. Dw i mor siomedig â fo   *I'm as disappointed as him*
Dw i mor ddiog â hi   *I'm as lazy as her*
Dw i mor dwp â nhw   *I'm as stupid as them*
Dw i mor boblogaidd â chi   *I'm as popular as you*
Dw i mor dew â ti   *I'm as fat as you*

A: Mae **Bryn** mor **siomedig**   *Bryn's so disappointed*
B: Dw i mor **siomedig** â fo   *I'm as disappointed as him*

Newidiwch y geiriau mewn print bras.
Change the words in bold print.

 ### Tasg - cymariaethau
Efo'ch partner, meddyliwch am gymariaethau gan ddefnyddio'r gair ar y chwith.
With your partner, think of comparisons, using the word on the left:

mor ___ â / ag

tew: Mae John Prescott mor dew â Pavarotti.
tal: _____
drud: _____
cyfoethog: _____
del: _____
tenau: _____
swnllyd: _____
diog: _____
blewog: _____

Deialog

A: Mae **Richard Branson** yn **gyfoethog**.
B: Ydy. Mae o'n **gyfoethog** iawn.
A: Dydy o ddim mor **gyfoethog** â'r **Frenhines**.
B: Paid â bod yn dwp! Wrth gwrs **fod o**.
A: Maen nhw mor **gyfoethog** â'i gilydd 'ta.

Newidiwch y geiriau mewn print bras.
Change the words in bold print.

Gramadeg

1. Mae treiglad meddal ar ôl **mor**, e.e. Mae o mor **d**wp â Siân

2. Peidiwch â defnyddio **'n/yn** efo **mor**, e.e. Maen nhw**'n** dal > Maen nhw mor dal

3. Mor   *on its own means* **so**, *e.g.* Mae o **mor** siomedig
       but with â *means* **as...as**, *e.g.* Mae o **mor** ddiog â fi

4. Cymaint   *on its own means* **so much**, *e.g.* Does dim angen **cymaint**
       but with â *means* **as much as**, *e.g.* Does dim angen **cymaint** â hynny

5. Cystal   *on its own means* **so good**, *e.g.* Does 'na neb **cystal**
       but with â *means* **as good as**, *e.g.* Does 'na neb **cystal** â ti

6. Cynddrwg   *on its own means* **so bad**, *e.g.* Does 'na neb **cynddrwg**
       but with â *means* **as bad as**, *e.g.* Does 'na neb **cynddrwg** â ti

Geirfa

cas	- *nasty*
cymaint	- *so much*
cymaint â	- *as much as*
cymharu	- *to compare*
cynddrwg	- *so bad*
cynddrwg â	- *as bad as*
cystal	- *so good*
cystal â	- *as good as*
diog	- *lazy*
ei gilydd, ein gilydd, eich gilydd	- *each other*
euog	- *guilty*
mor	- *so*
mor ... â / ag	- *as ... as*
poblogaidd	- *popular*
siomedig	- *disappointed*

**Ychwanegwch eirfa
sy'n berthnasol i chi:**
   *Add vocabulary that's
   relevant to you:*

Cwrs Sylfaen: Uned 25

Nod: Adolygu ac ymestyn *Revision and extension*

1. Mi faswn i'n symud i America, taswn i'n medru — *I'd move to America, if I could*

Mi faswn i'n prynu tŷ newydd, taswn i'n cael — *I'd buy a new house, if I were allowed*

Faswn i ddim yn symud, taswn i yn dy le di — *I wouldn't move, if I were you (in your place)*

Faswn i ddim yn mynd am dro, taswn i yn dy le di — *I wouldn't go for a walk, if I were you*

Faset ti'n symud, taset ti'n medru? — *Would you move, if you could?*

Baswn. Mi faswn i'n symud i Loegr — *Yes. I'd move to England*

Na faswn. Mi fasai'n well gen i aros yng Nghymru — *No. I'd rather stay in Wales*

 Tasg - be' fasech chi'n wneud?

Efo'ch partner, trafodwch be' fasech chi'n wneud yn y sefyllfaoedd hyn:
With your partner, discuss what you'd do in these situations:

Does gan John ddim pres

Mae Siân yn mynd i gael babi

Dydy Tom ddim yn hoffi pasta

Mi gaeth Edwina ei harestio ddoe

Mae Morys yn symud tŷ

Mi hoffai Delyth ganu mewn côr

Mae Jerry'n casáu tywydd oer

Rŵan, meddyliwch am gliwiau i weddill y dosbarth. Mi fydd eich tiwtor yn eich helpu.
Now, think of clues for the rest of the class. Your tutor will help you.

2. Mi faswn i'n dweud bod hi'n...   *I'd say she was...*

         ... bum troedfedd, naw modfedd   *... five foot, nine inches*

         ... ddeg stôn   *... ten stone*

         ... bedwar deg oed   *... forty years old*

Pa mor dal ydy hi?   *How tall is she?*

Pa mor drwm ydy hi?   *How heavy is she?*

Pa mor hen ydy hi?   *How old is she?*

 ### Tasg - dyfalu am bobl

Mewn grwpiau, edrychwch ar y lluniau y bydd eich tiwtor
yn eu rhoi i chi. Gofynnwch y cwestiynau uchod am y bobl a'u trafod.

    In groups, look at the pictures your tutor will give you.

    Ask the above questions about the people and discuss them.

3. Dw i mor siomedig â chi   *I'm as disappointed as you*

Dw i mor ddiog ag Alison   *I'm as lazy as Alison*

Dw i cynddrwg â nhw   *I'm as bad as them*

Dan ni mor dwp â'n gilydd   *We're as stupid as each other*

Dan ni ddim mor fyr â hynny   *We're not as short as that*

Pa mor siomedig dach chi?   *How disappointed are you?*

Dw i mor siomedig â neb   *I'm as disappointed as anyone*

Dan ni ddim mor siomedig â hynny   *We're not as disappointed as (all) that*

Geiriau: **twp, diog, tal, poblogaidd, da.**

Tasg - gwneud brawddegau

Ffurfiwch frawddegau gan ddefnyddio'r sbardunau hyn:

    Form sentences using these prompts:

Ioan Gruffudd	+	golygus	+	Brad Pitt
Caerdydd	+	prysur	+	Birmingham
mis Ionawr	+	gwlyb	+	mis Chwefror
Tom Jones	+	poblogaidd	+	Shirley Bassey
George Bush	+	twp	+	Homer Simpson

Cofiwch / *Remember*: **mor = *as*** yn Saesneg (nid *more*)

Gwrando

Gwrandewch ar y negeseuon ffôn yma. Mi fydd eich tiwtor yn chwarae'r
negeseuon dair gwaith. Llenwch y grid ar sail yr wybodaeth yn y negeseuon.

Listen to these telephone messages. Your tutor will play the messages three times.
Fill in the grid on the basis of the information in the messages.

	Ffonio o le?	Be' ydy'r broblem?	Pwy sy'n medru helpu?	Pryd bydd yr help yn cyrraedd?
Neges 1				
Neges 2				
Neges 3				

Gêm drac adolygu

Glaniwch ar y sgwâr ac atebwch y cwestiwn
Land on the square and answer the question

Dechrau	Tasai gynnoch chi bres, lle hoffech chi fyw? Pam?	Be' ydy **North, South, West, East** yn Gymraeg?	Tasai hi'n bwrw glaw, be' fasech chi'n wneud?	Lle hoffech chi fynd ar eich gwyliau nesa? Pam?
Pa mor dal dach chi?	Cymharwch Siôn Corn a Pavarotti	Be' dach chi'n feddwl o'r bobl sy'n byw drws nesa i chi?	Lle oeddech chi am wyth o'r gloch neithiwr? Yn gwneud be'?	Pwy ydy'ch hoff ganwr chi? Pam?
Be' ddylech chi wneud heno?	Pa mor bell ydy Llundain o le dach chi'n byw?	Gofynnwch 'How far away is the college?' yn Gymraeg.	Lle byddwch chi dros y penwythnos?	Be' dach chi'n feddwl o Gaerdydd?
Lle oeddech chi'n byw ym 1989?	Be' ydy eich hoff ddiod chi? Pam?	Lle gaethoch chi'ch geni?	Tasech chi'n gweld damwain, fasech chi'n stopio?	Be' wnaethoch chi neithiwr?
Dach chi'n nabod rhywun sy'n byw dramor? Sut?	Gaethoch chi'ch arestio erioed? Pam?	Be' fasai'n well gynnoch chi - mynd i Sbaen neu fynd i Ffrainc? Pam?	Be' wnewch chi heno, os bydd hi'n bwrw glaw?	Diwedd

Rhestr gyfair *Check list*

✔ **Ticiwch be' dach chi'n medru wneud.** *Tick what you can do.*

☐ Dw i'n medru dweud be' faswn i'n wneud mewn sefyllfa arbennig
I can say what I would do in a particular situation

☐ Dw i'n medru dweud be' fasai rhywun arall yn wneud
I can say what someone else would do

☐ Dw i'n medru holi be' fasai rhywun arall yn wneud
I can ask what someone else would do

☐ Dw i'n medru dweud be' fasai'n well gen i wneud
I can say what I would prefer to do

☐ Dw i'n medru holi be' hoffai rhywun wneud
I can ask what someone would like to do

☐ Dw i'n medru dweud be' fasai'n digwydd mewn sefyllfa arbennig
I can say what would happen in a particular situation

☐ Dw i'n medru dweud pa mor bell ydy rhywle neu rywbeth
I can say how far somewhere or something is

☐ Dw i'n medru siarad am faint, hyd, lled, pwysau rhywbeth
I can talk about something's size, length, width, weight

☐ Dw i'n medru cymharu pethau â'i gilydd
I can compare things

☐ Dw i'n medru cymharu pobl â'i gilydd
I can compare people

Geirfa Graidd - unedau 21–25

Aberhonddu	-	*Brecon*
addas	-	*suitable*
am wn i	-	*I suppose,*
		as far as I know
bargen		
(bargeinion) (b)	-	*bargain(s)*
beic modur	-	*motor bike*
beichiog	-	*pregnant*
bwyd GM	-	*GM food*
cacen gaws		
(cacennau		
caws) (b)	-	*cheese cake(s)*
cael	-	*to have;*
		to be allowed
cael gwybod	-	*to get to know*
		(lit. to be allowed
		to know)
cas	-	*nasty*
cawl	-	*soup; stew*
ceffyl(au)	-	*horse(s)*
cig eidion, bîff	-	*beef*
cwch hwylio	-	*yacht,*
		lit. sailing boat
cwmpawd	-	*compass*

cwrs (cyrsiau)	-	*course(s)*
cyfoethog	-	*rich*
cymaint	-	*so much*
cymaint â	-	*as much as*
cymharu	-	*to compare*
cymryd	-	*to take*
cynddrwg	-	*so bad*
cynddrwg â	-	*as bad as*
cystal	-	*so good*
cystal â	-	*as good as*
De	-	*South*
diog	-	*lazy*
disgwyl babi	-	*to expect a baby*
draw	-	*over (there)*
dros	-	*over (e.g. a bridge)*
dwyn	-	*to steal*
Dwyrain	-	*East*
ei gilydd,		
ein gilydd,		
eich gilydd	-	*each other*
euog	-	*guilty*
fan hyn, fan yma	-	*here, right here*
fferi	-	*ferry*
garlleg	-	*garlic*
gofalus	-	*careful*
Gogledd	-	*North*
Gorllewin	-	*West*
gorsaf(oedd) (b)	-	*station(s)*
gwahodd	-	*to invite*

gwella	-	to get better
gwlad dramor (gwledydd tramor) (b)	-	foreign country(-ies)
hufen iâ	-	ice cream
hwylio	-	to sail
hyd	-	length
i ffwrdd	-	away
ledled	-	all over
lled	-	width
llysieuwr (llysieuwyr)	-	vegetarian(s)
llysieuyn (llysiau)	-	vegetable(s)
madarch	-	mushrooms

mae'n debyg	-	probably
malwen (malwod) (b)	-	snail(s)
medden nhw	-	they say, so they say
meddwl	-	to think, to believe
milltir(oedd) (b)	-	mile(s)
modfedd(i) (b)	-	inch(es)
mor	-	so
mor ... â / ag	-	as ... as
neuadd(au) (b)	-	hall(s)
para	-	to last
poblogaidd	-	popular
pwysau	-	weight
pwyso	-	to weigh
rhoi benthyg	-	to lend
saws	-	sauce
sefyllfa(oedd) (b)	-	situation(s)
siomedig	-	disappointed
siŵr o fod	-	probably
stôn	-	stone (weight)
taldra	-	height
treiffl	-	trifle
troedfedd(i) (b)	-	foot (in length) (feet)
trwch	-	thickness
trwm	-	heavy
uchder	-	height
yn dy le di	-	if I were you (lit. in your place)
ynys(oedd) (b)	-	island(s)

Cwrs Sylfaen: Uned 26

Nod: Cymharu pethau a phobl II *Comparing things and people II*

1.

Roedd hi'n oerach ddoe	*It was colder yesterday*
Roedd hi'n wlypach ddoe	*It was wetter yesterday*
Roedd hi'n sychach ddoe	*It was drier yesterday*
Roedd hi'n boethach ddoe	*It was hotter yesterday*
Mi fydd hi'n fwy cymylog yfory	*It will be more cloudy tomorrow*
Mi fydd hi'n fwy gwyntog yfory	*It will be more windy tomorrow*
Mi fydd hi'n fwy stormus yfory	*It will be more stormy tomorrow*
Mi fydd hi'n fwy diflas yfory	*It will be more miserable tomorrow*

A: Mae hi'n wlyb heddiw   *It's wet today*
B: Mi fydd hi'n wlypach yfory   *It will be wetter tomorrow*

 Tasg - cardiau tywydd

Mi fydd eich tiwtor yn rhoi cardiau i chi ymarfer trafod y tywydd.
Your tutor will give you cards to practise discussing the weather.

2.

Dw i'n dwpach na ti	*I'm stupider than you*
Dw i'n iau na ti	*I'm younger than you*
Dw i'n hŷn na ti	*I'm older than you*
Dw i'n dalach na ti	*I'm taller than you*
Dw i'n fwy cyfoethog na fo	*I'm more rich than him*
Dw i'n fwy deallus na fo	*I'm more intelligent than him*
Dw i'n fwy swnllyd na hi	*I'm more noisy than her*
Dw i'n fwy doniol nag Angela	*I'm more funny than Angela*

A: Be' wyt ti'n feddwl o Einstein?   *What do you think of Einstein?*
B: Roedd o'n fwy deallus na fi   *He was more intelligent than me*

A: Be' wyt ti'n feddwl o George W Bush?   *What do you think of George W Bush?*
B: Mae o'n dwpach na fi   *He's more stupid than me*

Tasg - gwneud brawddegau

Ffurfiwch frawddegau gan ddefnyddio'r sbardunau hyn:

Form sentences using these prompts:

e.e. John	+ tal	+ Mair	=	Mae John yn dalach na Mair
Tom	+ ifanc	+ hi	=	_____
Dai	+ cyfoethog	+ pawb	=	_____
heddiw	+ oer	+ ddoe	=	_____
Einstein	+ deallus	+ fi	=	_____
Porridge	+ doniol	+ Blackadder	=	_____
Caerdydd	+ hen	+ Casnewydd	=	_____
Gordon Brown	+ pwysig	+ Tony Blair	=	_____
Pavarotti	+ tew	+ John Prescott	=	_____

3.

Mae'r Mirror yn well na'r Sun	*The Mirror's better than the Sun*
Mae eliffant yn fwy na llygoden	*An elephant's bigger than a mouse*
Mae Everest yn uwch na'r Wyddfa	*Everest is higher than Snowdon*
Mae dŵr yn rhatach na gwin	*Water is cheaper than wine*
Mae'r Sun yn waeth na'r Mirror	*The Sun is worse than the Mirror*
Mae llygoden yn llai nag eliffant	*A mouse is smaller than an elephant*
Mae'r Wyddfa'n is nag Everest	*Snowdon is lower than Everest*
Mae gwin yn ddrutach na dŵr	*Wine is more expensive than water*

A: Ydy'r Mirror yn well na'r Sun? *Is the Mirror better than the Sun?*
B: Nac ydy, mae o'n waeth o lawer *No, it's much worse*

**Tasg - trafod y lluniau**

Efo'ch partner, edrychwch ar y lluniau yma a'u cymharu.

With your partner, look at these pictures and compare them.

4.	Dw i'n dda am chwarae pêl-droed	*I'm good at playing football*
	Dw i'n dda am goginio	*I'm good at cooking*
	Dw i'n dda iawn am gofio pethau	*I'm very good at remembering things*
	Dw i'n dda iawn am wneud dim byd	*I'm very good at doing nothing*

A: Dw i'n dda iawn am ysgrifennu   *I'm very good at writing*

B: Dw i'n well na ti   *I'm better than you*

Deialog

A: Dw i'n **dalach** na ti.

B: Wyt.

A: Dw i'n **gryfach** na ti.

B: Ella fod ti.

A: A dw i'n well na ti am **gofio pethau.**   Newidiwch y geiriau mewn print bras.

B: Wyt. Rwyt ti'n fwy **plentynnaidd** hefyd!   *Change the words in bold print.*

Geirfa

blewog	-	*hairy*
deallus	-	*intelligent*
mwyn	-	*mild*
o lawer	-	*by far*
plentynnaidd	-	*childish*
pwysig	-	*important*

Ychwanegwch eirfa
sy'n berthnasol i chi:
*Add vocabulary that's
relevant to you:*

_____

☺☺ **Gêm drac ansoddeiriau**

Dechrau	**tew→**	byr	**cryf**
cyflym←cyfoethog		**hen←**	bach
hapus	**ifanc→**	hyll	**tal**
deallus←swnllyd		**del**	←poblogaidd
araf	**tenau→**blewog		**mawr**
Diwedd ← uchel		**drud←**	twp

g Gramadeg

1. Dach chi'n medru rhoi **-ach** ar ddiwedd geiriau byr, fel arfer, e.e. **tal** > **talach**.
   Mae rhai eithriadau, e.e. **hapus**ach, **araf**ach, sydd ychydig yn hirach.
   You can put -ach at the end of shorter words, usually, e.g. **tal** > **talach**.
   There are some exceptions, e.g. **hapus**ach, **araf**ach, *which are a little longer.*

2. Efo geiriau hir, rhaid defnyddio **mwy**, e.e. **cyfoethog** > Mae o'n **fwy** cyfoethog.
   With longer words, you need **mwy**, *e.g.* **cyfoethog** > Mae o'n **fwy** cyfoethog.

3. Mae geiriau sy'n gorffen efo **d, b**, neu **g** yn caledu'r llythyren olaf,
   wrth ychwanegu **-ach**, e.e.
   Words which end with **d, b** *or* **g** *harden the last letter when you add* **–ach**, *e.g.*

   rhad > Mae o'n rha**t**ach
   gwlyb > Mae o'n wly**p**ach

4. Mae **na** yn newid i **nag** o flaen llafariad. Mae **na** yn achosi treiglad llaes,
   e.e. Mae te'n well na **ch**offi.
   The word **na** *changes to* **nag** *before a vowel.* **Na** *causes a* treiglad llaes
   (tcp mutations), e.g. Mae te'n well na **ch**offi

Tasg - cyflwyno pwnc

Mewn grwpiau o dri, siaradwch am un o'r pynciau yma am dri munud:
   In groups of three, talk about one of these topics for three minutes:

   a.   Ffilmiau / Rhaglenni teledu
   b.   Cymdeithasu
   c.   Y teulu
   ch.   Gwaith

Cwrs Sylfaen: Uned 27

Nod: Cymharu pethau a phobl III *Comparing things and people III*

1.

Fi ydy'r gorau	*I'm the best*
Ti ydy'r gwaetha	*You're the worst*
Bryn ydy'r gorau	*Bryn's the best*
Siân ydy'r waetha	*Siân's the worst*

A: Pwy ydy'r gorau am goginio?　*Who's the best for cooking?*

B: Fi ydy'r gorau　*I'm the best*

 Tasg - siarad am y lluniau

Efo'ch partner,
siaradwch am y lluniau yma:

2.

Dw i'n meddwl mai Bryn ydy'r mwya	*I think that Bryn's the biggest*
Dw i'n meddwl mai Tom ydy'r lleia	*I think that Tom's the smallest*
Dw i'n meddwl mai John ydy'r byrra	*I think that John's the shortest*
Dw i'n meddwl mai Dai ydy'r gwanna	*I think that Dai's the weakest*
Dw i'n meddwl mai Gwyn ydy'r twpa	*I think that Gwyn's the stupidest*

A: Pwy yw'r tala?　*Who's the tallest?*

B: Dw i'n meddwl mai Siân yw'r dala　*I think Siân's the tallest*

mawr [mwy-]	bach [llei-]	tew
tal　　cryf	gwan	twp
hen [hyn-]	ifanc	

Tasg – siarad am y llun

Trafodwch y bobl yn y llun yma gan ddefnyddio'r patrymau yn 2. uchod.

Discuss the people in this picture using the patterns in 2 above.

3.

Bryn ydy'r mwya doniol	*Bryn's the most funny*
Bryn ydy'r mwya poblogaidd	*Bryn's the most popular*
Bryn ydy'r mwya enwog	*Bryn's the most famous*
Bryn ydy'r mwya cyfoethog	*Bryn's the richest*
Siân ydy'r fwya tenau	*Siân's the thinnest*
Siân ydy'r fwya deallus	*Siân's the most intelligent*
Siân ydy'r fwya tawel	*Siân's the quietest*
Siân ydy'r fwya swil	*Siân's the shyest*

Tasg - siarad am y dosbarth

Mewn parau, trafodwch weddill y dosbarth. Byddwch yn gwrtais!

In pairs discuss the rest of the class. Be polite!

Pwy ydy'r hyna yn y dosbarth?
Pwy ydy'r ifanca?
Pwy ydy'r cryfa?
Pwy ydy'r tewa?
Pwy ydy'r mwya cyfoethog?
Pwy ydy'r mwya swil?

Tasg - siarad am enwogion

Dwedwch rywbeth am y bobl enwog yma:

Sean Connery   Madonna

Arnold Schwarzenegger   Woody Allen

Bill Gates   J.K. Rowling

Kate Moss

4.

America ydy'r wlad fwya	*America is the biggest country*
Caracas ydy'r ddinas fwya peryglus	*Caracas is the most dangerous city*
Everest ydy'r mynydd ucha	*Everest is the highest mountain*
Yr Amazon ydy'r afon hira	*The Amazon is the longest river*

A: Pa un ydy'r wlad fwya yn y byd?   *Which is the largest country in the world?*
B: Dw i'n meddwl mai America   *I think (that) America is the biggest country*
     ydy'r wlad fwya yn y byd   *in the world*

Gêm adolygu

Defnyddiwch y gêm drac yn Uned 26 i ymarfer y patrwm hwn.
Rhaid glanio ar y sgwâr a dweud brawddeg, gan ddechrau â 'Dw i'n meddwl mai...'
     Use the track game in Unit 26 to practise this pattern. You must land
     on a square and say a sentence, starting with 'Dw i'n meddwl mai...'

Deialog 1

A: Pwy ydy'r person mwya deallus yn y lle 'ma?
B: Fi wrth gwrs.
A: Rwyt ti'n tynnu 'nghoes i. Ti ydy'r twpa.
B: Naci wir, paid â bod mor gas.

Deialog 2

A: Pa un ydy'r afon hira yn y byd?
B: Dw i'n meddwl mai afon Nîl ydy hi.
A: Ro'n i'n meddwl mai'r Amazon oedd hi.
B: Pam wyt ti'n gofyn i mi os wyt ti'n
     gwybod yn barod?

Geirfa

gorau	-	*best*
gwaetha	-	*worst*
mai	-	*that*
swil	-	*shy*
tynnu	-	*to pull*

**Ychwanegwch eirfa
sy'n berthnasol i chi:**
     Add vocabulary that's
     relevant to you:

_____

🄖 Gramadeg

1. Dach chi'n medru rhoi **-a** ar ddiwedd geiriau byr, fel arfer, e.e. **tal > tala**.
Mae rhai eithriadau, e.e. **hapus**a, **araf**a, sy'n eiriau ychydig yn hirach.

> *You can put* **-a** *at the end of shorter words usually, e.g.* **tal > tala***.*
> *There are some exceptions, e.g.* **hapus**a*,* **araf**a*, which are slightly longer words.*

2. Efo geiriau hir, rhaid defnyddio **mwya**, e.e. **cyfoethog** > Fo ydy'r **mwya** cyfoethog.

> *With longer words, you need* **mwya***, e.g.* **cyfoethog** > Fo ydy'r **mwya** cyfoethog.

3. Wrth ychwanegu **-a**, mae geiriau sy'n gorffen efo **d, b**, neu **g** yn caledu'r llythyren olaf, e.e.

> *When you add* **-a***, words which end with* **d, b** *or* **g** *harden the last letter, e.g.*

> rhad > dyma'r rha**t**a
> gwlyb > dydd Sul oedd y gwly**p**a

4. Os dach chi'n defnyddio'r radd eitha, (h.y. yn dweud pwy neu be' ydy'r mwya, gorau, gwaetha, tala ac ati), rhaid i chi roi'r peth neu'r person ar ddechrau'r frawddeg. Mae hon yn frawddeg bwysleisiol, ac i ateb neu gytuno â brawddegau fel hyn, dach chi'n defnyddio **Ia/Naci**.

> *If you're using the superlative, (i.e. saying who or what is the biggest, best, worst, tallest, etc.) you must put the thing or person at the start of the sentence.*
> *This is an emphatic sentence, and to answer or agree with sentences like these, you must use* **Ia/Naci***.*

Er enghraifft:

> **John** ydy'r tala. *(emphasising John)*
> Naci. **Tom** ydy'r tala. *(emphasising Tom)*

Cwrs Sylfaen: Uned 28

Nod: Trafod dyddiadau a chyfnodau o amser *Discussing dates and periods of time*

1.

Ers o leia dau funud	*For at least two minutes*
Ers o leia pum munud	*For at least five minutes*
Ers o leia ugain munud	*For at least twenty minutes*
Ers o leia hanner awr	*For at least half an hour*
Ers tua awr a hanner	*For about an hour and a half*
Ers tua dwy awr	*For about two hours*
Ers tair awr	*For three hours*
Ers oriau	*For hours*
Dw i yma ers oes	*I ['ve been] here for a while*
Dw i yma ers amser	*I ['ve been] here for ages*
Ers faint wyt ti'n aros fan hyn?	*Since when are you waiting here?*
	[How long have you been waiting here?]
Ers pryd mae John yn byw 'ma?	*Since when is John living here?*
	[How long has John been living here?]

 Tasg - gwaith trafod
Defnyddiwch y grid yma i drafod â'ch partner:
Use this grid to discuss with your partner:

Pwy	Be'	Ers faint
John	aros am y trên	60m
fy mrawd i	byw yn yr ardal	blwyddyn
Siân	dysgu Cymraeg	oes
y plant	chwarae	30m
ti	edrych ar y teledu	120m

2.

Mi fues i yna am wythnos	*I was there for a week*
Mi fues i yna am bythefnos	*I was there for a fortnight*
Mi fuon ni yna am dair wythnos	*We were there for three weeks*
Mi fuon ni yna am fis cyfan	*We were there for a whole month*
Am faint o amser buoch chi yn Sbaen?	*For how long were you in Spain?*
Lle buoch chi?	*Where were you?*
Fuoch chi yn America erioed?	*Were you ever in America?*
Fuoch chi yn Ffrainc erioed?	*Were you ever in France?*
Fuoch chi yn Iwerddon erioed?	*Were you ever in Ireland?*
Fuest ti yn Llydaw erioed?	*Were you ever in Brittany?*
Fuest ti yn America erioed?	*Were you ever in America?*
Do, mi fues i yna unwaith	*Yes, I was there once*
Naddo, fues i ddim yna erioed	*No, I was never there*

Tasg - siarad am wledydd

Dach chi wedi bod mewn nifer o wledydd. Dewiswch o'r gwledydd yma a'r cyfnodau amser a nodir. Yna, holwch eich partner.

You've been to a number of countries. Choose from these countries and the periods of time noted. Then ask your partner.

Sbaen	Ffrainc	Y Swistir
Yr Alban	Iwerddon	America
Llydaw	Portiwgal	Yr Almaen

wythnos		pythefnos
diwrnod	tair wythnos	mis
dau fis	blwyddyn	amser hir

Chi - gwlad?	Chi - am faint?	Eich partner - gwlad?	Eich partner - am faint?

3.

Ers blwyddyn	For/Since a year
Ers dwy flynedd	For/Since two years
Ers tair blynedd	For/Since three years
Ers pedair blynedd	For/Since four years
Ers pum mlynedd	For/Since five years
Y cyntaf o Awst	The first of August
Yr ail o Dachwedd	The second of November
Y trydydd o Fehefin	The third of June
Y pedwerydd o Hydref	The fourth of October
Y pumed o Fawrth	The fifth of March
Y chweched o Ionawr	The sixth of January
Y seithfed o Ragfyr	The seventh of December
Yr wythfed o Orffennaf	The eighth of July
Y nawfed o Fai	The ninth of May
Y degfed o Fedi	The tenth of September
Pryd mae'ch pen-blwydd chi?	When is your birthday?
Pryd mae pen-blwydd Bryn?	When is Bryn's birthday?

Dyma'r dyddiadau posib i gyd:
Here are all the possible dates:

1af	cyntaf	12fed	deuddegfed	23ain	trydydd ar hugain
2il	ail	13eg	trydydd ar ddeg	24ain	pedwerydd ar hugain
3ydd	trydydd	14eg	pedwerydd ar ddeg	25ain	pumed ar hugain
4ydd	pedwerydd	15fed	pymthegfed	26ain	chweched ar hugain
5ed	pumed	16eg	unfed ar bymtheg	27ain	seithfed ar hugain
6ed	chweched	17eg	ail ar bymtheg	28ain	wythfed ar hugain
7fed	seithfed	18fed	deunawfed	29ain	nawfed ar hugain
8fed	wythfed	19eg	pedwerydd ar bymtheg	30ain	degfed ar hugain
9fed	nawfed	20fed	ugeinfed	31ain	unfed ar ddeg ar hugain
10fed	degfed	21ain	unfed ar hugain		
11eg	unfed ar ddeg	22ain	ail ar hugain		

Tasg - holi am ben-blwyddi

Ewch o gwmpas y dosbarth yn holi pawb am ddyddiad eu pen-blwydd.
Go around the class asking every one about the date of their birthday.

Tasg - dyddiadau

Matsiwch y Gymraeg a'r Saesneg. Rhowch y dyddiad.
Match the Welsh and English. Give the date.

e.g.	*Saint David's Day* ——	Dydd Gŵyl Dewi	_Y cyntaf o Fawrth_
	New Year's Eve	Noson Tân Gwyllt	_____
	Christmas Day	Dydd Calan	_____
	New Year's Day	Dydd Ffŵl Ebrill	_____
	Christmas Eve	Dydd Nadolig	_____
	Bonfire Night	Dydd Sant Ffolant	_____
	Saint Valentine's Day	Dydd Santes Dwynwen	_____
	April Fool's Day	Noswyl Nadolig	_____
	Saint Dwynwen's Day	Nos Galan	_____

 Mewn grwpiau, meddyliwch am ragor o gwestiynau i'w gofyn i'r dosbarth ...
In groups, think of more questions to ask the class ...

Pryd mae Dydd San Padrig?   Pryd mae Cymru'n chwarae Lloegr?

Deialog

A: Dach chi'n mynd ar wyliau eleni?
B: Ydan. Dan ni'n mynd i **Ffrainc**.
A: Am faint dach chi'n mynd?
B: Am **ddeg diwrnod**.
A: Pryd dach chi'n gadael?
B: Ar y **pedwerydd ar hugain** o **Awst**.
A: Dach chi wedi bod yna o'r blaen?
B: Ydan. Buon ni yna y **llynedd**.
A: Gobeithio y cewch chi amser da.
B: Diolch yn fawr i chi.

Rŵan newidiwch y geiriau mewn print bras.
Now change the words in bold print.

Gramadeg

1. Mae ffurf orffennol i 'bod' yn Gymraeg. Defnyddiwch hon pan fyddwch chi'n siarad am gyfnodau penodol o amser yn y gorffennol (yn lle **Ro'n i...**)

*There is a past form for 'bod' in Welsh. Use this when talking about specific periods of time in the past (instead of **Ro'n i...**)*

Mi fues i	Fues i ddim	Fues i?
Mi fuest ti	Fuest ti ddim	Fuest ti?
Mi fuodd o/hi	Fuodd o/hi ddim	Fuodd o/hi?
Mi fuon ni	Fuon ni ddim	Fuon ni?
Mi fuoch chi	Fuoch chi ddim	Fuoch chi?
Mi fuon nhw	Fuon nhw ddim	Fuon nhw?

2. Efo dyddiadau, y ffordd hawsa i ysgrifennu yw rhoi'r diwrnod, y mis a'r flwyddyn, heb boeni am gynffon i'r trefnolyn, e.e. 10 Hydref 2005.

With dates, the easiest way to write is to note the day, the month and the year, without bothering with the tail of the ordinal, e.g. 10 Hydref 2005.

Geirfa

cyfan	-	*whole*
Dydd Calan	-	*New Year's Day*
Dydd Ffŵl Ebrill	-	*April Fool's Day*
Dydd Gŵyl Dewi	-	*St David's Day*
Dydd San Padrig	-	*St Patrick's Day*
Dydd Santes Dwynwen	-	*St Dwynwen's Day*
Dydd Sant Ffolant	-	*St Valentine's Day*
erioed	-	*ever, never*
ers amser, ers meityn	-	*for ages*
ers oes	-	*for a while*
Llydaw	-	*Brittany*
Nos Galan	-	*New Year's Eve*
Noson Tân Gwyllt	-	*Bonfire Night*
Noswyl Nadolig	-	*Christmas Eve*
Portiwgal	-	*Portugal*
Y Swistir	-	*Switzerland*

**Ychwanegwch eirfa
sy'n berthnasol i chi:**

*Add vocabulary that's
relevant to you:*

Cwrs Sylfaen: Uned 29

Nod: Dwedwch hynny eto *Say that again*

1.

Mi wnes i ddweud fod ti'n iawn	*I said you were right*
Mi wnes i ddweud y dylet ti fynd	*I said you should go*
Mi wnes i ddweud y baset ti'n hwyr	*I said you'd be late*
Mi wnes i ddweud y baset ti'n cael amser da	*I said you'd have a good time*
Mae'n ddrwg gen i, be' wnest ti ddweud?	*I'm sorry, what did you say?*
Mi wnes i ddweud y dylet ti fynd	*I said you should go*

A:	Mae hi'n wyntog	*It's windy*
B:	Be' wnest ti ddweud?	*What did you say?*
A:	Mi wnes i ddweud bod hi'n wyntog	*I said it was windy*

Tasg - pwy ddwedodd be'?

Fí:
"Mae hi'n bwrw glaw"

John:
"Maen nhw wedi mynd"

Bryn:
"Mi ddylen ni ddweud rhywbeth"

Siân:
"Mi fasai hi'n well mynd yn gynnar"

Lowri:
"Dw i'n deall"

Nhw:
"Dan ni'n gweithio heno"

2.

Welais i ddim byd	*I didn't see anything*
Welais i mo'r tŷ	*I didn't see the house*
Glywais i ddim byd	*I didn't hear anything*
Glywais i mo'r rhaglen	*I didn't hear the programme*
Ddeallais i ddim gair	*I didn't understand a word*
Ddeallais mo'r tiwtor	*I didn't understand the tutor*

A: Welaist ti'r coleg?
B: Naddo, welais i mo'r coleg

Tasg - ateb cwestiynau

A: Welaist ti'r coffi? **B:** _____

A: Glywaist ti'r stori? **B:** _____

A: Ddeallaist ti'r jôc? **B:** _____

A: Welaist ti'r tiwtor? **B:** _____

A: Glywaist ti'r enw? **B:** _____

A: Welaist ti'r plant? **B:** _____

A: Ddeallaist ti'r rhaglen? **B:** _____

A: Glywaist ti Siân? **B:** _____

3.

Mi faswn i wrth fy modd	*I'd be very happy / in my element / delighted*
Mi faset ti wrth dy fodd	*You'd be very happy*
Mi fasai fo wrth ei fodd	*He'd be very happy*
Mi fasai hi wrth ei bodd	*She'd be very happy*
Mi fasen ni wrth ein bodd	*We'd be very happy*
Mi fasech chi wrth eich bodd	*You'd be very happy*
Mi fasen nhw wrth eu bodd	*They'd be very happy*

A: Fasai Siân yn medru dŵad yfory?
B: Mi fasai hi wrth ei bodd
A: Be' ddwedaist ti?
B: Mi ddwedais i y basai hi wrth ei bodd!

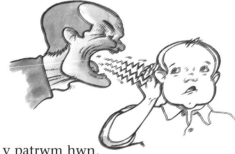

Tasg - ymarfer 'wrth fy modd'
Mi fydd eich tiwtor yn rhoi tasg i chi ymarfer y patrwm hwn.
Your tutor will give you a task to practise this pattern.

Darn darllen

Efo'ch partner, darllenwch y darn yma.
With your partner, read this passage.

Ymweliad penwythnos

Dros y penwythnos mi aethon ni i Lundain ac mi fuon ni yno am ddau ddiwrnod. Roedd y tywydd yn eitha oer ond doedd hi ddim yn bwrw glaw. Mi wnaethon ni gerdded am amser hir o gwmpas canol y ddinas ddydd Sadwrn, ac mae fy nhraed i'n brifo heddiw. Roedd y plant wrth eu bodd! Roedden nhw'n meddwl mai'r peth gorau oedd y 'London Eye'. Welais i mo'r amgueddfa - doedd gynnon ni ddim amser. Roedd y gwesty'n ardderchog a'r bwyd yn iawn. Mi fasen ni'n mynd eto, tasai gynnon ni bres!

Rŵan, gwrandewch ar eich tiwtor yn darllen darn arall. Ar ôl gwrando ddwywaith, trafodwch â'ch partner be' sy'n gyffredin a be' ydy'r gwahaniaethau rhwng y ddau.
Now, listen to your tutor reading another passage. After listening twice, discuss with your partner what the two have in common and what the differences are.

Pethau sy'n gyffredin	Gwahaniaethau
Things in common	*Differences*

Deialog 1

A: Lle wyt ti wedi bod?

B: Mi ddwedais i y baswn i'n hwyr.

A: Do, wir?

B: Wel, mi ddwedais i y baswn i'n hwyrach nag arfer.

A: Dw i ddim yn cofio.

B: Dim arna i mae'r bai am hynny.

A: Ti ydy'r person mwya styfnig dw i'n nabod.

B: Diolch yn fawr!

Gramadeg

1. Mae **mo...** yn dalfyriad o **ddim o...** Dach chi'n defnyddio hwn o flaen gwrthrych penodol mewn brawddeg negyddol, e.e. Welais i mo'r dyn [y dyn - gwrthrych penodol]. Peidiwch â phoeni am y patrwm yma am y tro - mi fydd hwn yn cael ei drafod yn llawn yn y llyfr cwrs nesa.

> **mo...** *is an abbreviation of* **ddim o...** *You use this before a specific object in a negative sentence, e.g.* Welais i mo'r dyn [y dyn - *specific object]. Don't worry about this for now - it will be fully discussed in the next course book.*

2. **Mi ddwedais i y baset ti'n hwyr**. Dach chi'n defnyddio **y** o flaen ymadroddion yn yr amodol neu'r dyfodol. Os oes ymadrodd yn y presennol neu'r gorffennol yn dilyn, defnyddiwch **bod**.

> *Use* **y** *for the **that** implied in examples like these:* **Mi ddwedais i y baset ti'n hwyr (I said [that] you would be late)**. *You use the* **y** *before phrases in the conditional or the future. If there is a phrase in the present or past following, use* **bod**.

Geirfa

amgueddfa (amgueddfeydd) (b)	-	*museum(s)*
coleg(au)	-	*college(s)*
gwahaniaeth(au)	-	*difference(s)*
gwych	-	*excellent*
nag arfer	-	*than usual*
peth(au) sy'n gyffredin	-	*thing(s) in common*
styfnig	-	*stubborn*
wrth fy modd	-	*delighted, very happy*

**Ychwanegwch eirfa
sy'n berthnasol i chi:**
> *Add vocabulary that's relevant to you:*

Cwrs Sylfaen: Uned 30

Nod: Adolygu ac ymestyn *Revision and extension*

1.

Mae hi'n oerach na ddoe	*It's colder than yesterday*
Mae hi'n fwy gwyntog na ddoe	*It's windier than yesterday*
Mae hi'n dalach na fi	*She's taller than me*
Mae hi'n fwy digri na fi	*She's more funny than me*
Mae hi'n llai poblogaidd na fi	*She's less popular than me*
Mae hi'n well na fi	*She's better than me*
Mae hi'n waeth na fi	*She's worse than me*

A: Mae hi'n oer iawn heddiw — *It's very cold today*
B: Ydy. Mae hi'n oerach na ddoe — *Yes. It's colder than yesterday*

A: Mae hi'n ddigri iawn — *She's very funny*
B: Ydy. Mae hi'n fwy digri na fi — *Yes. She's funnier than me*

Tasg - cymharu eich hun

Cymharwch eich hun â'r bobl yma:

e.e.   Einstein: _____*Dw i'n dwpach na fo*_____

Tony Blair _____

Madonna _____

Catherine Zeta Jones _____

Laurel and Hardy _____

Ioan Gruffudd _____

Kate Moss _____

2.

Fi ydy'r gorau	*I'm the best*
Fi ydy'r gwaetha	*I'm the worst*
Fi ydy'r lleia	*I'm the smallest*
Fi ydy'r mwya	*I'm the biggest*
Fi ydy'r mwya blewog	*I'm the most hairy*
Fi ydy'r lleia enwog	*I'm the least famous*

A: Fi ydy'r gorau!   *I'm the best*

B: Ia, dw i'n meddwl mai ti ydy'r gorau!   *Yes, I think that you're the best!*

B: Naci! Dim ti ydy'r gorau!   *No! You're not the best!*

Tasg - cymharu tri

Cymharwch y bobl neu'r pethau yma â'i gilydd:

Compare these people or things with each other:

e.e.   Mae Bryn yn dal. Mae Bil yn dalach na Bryn. Ond Bob ydy'r tala.

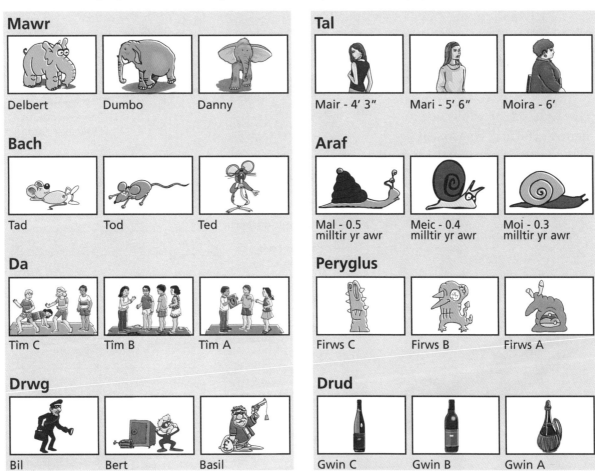

Mawr

Delbert   Dumbo   Danny

Tal

Mair - 4' 3"   Mari - 5' 6"   Moira - 6'

Bach

Tad   Tod   Ted

Araf

Mal - 0.5 milltir yr awr   Meic - 0.4 milltir yr awr   Moi - 0.3 milltir yr awr

Da

Tîm C   Tîm B   Tîm A

Peryglus

Firws C   Firws B   Firws A

Drwg

Bil   Bert   Basil

Drud

Gwin C   Gwin B   Gwin A

3. Dw i'n dysgu Cymraeg ers mis Medi
Dw i'n dysgu Cymraeg ers blwyddyn
Dw i'n dysgu Cymraeg ers dwy flynedd
Dw i'n adolygu am ugain munud bob nos
Dw i'n gwrando ar y CDs bob nos

Mi wnes i ddechrau dysgu
...achos bod gen i ffrindiau
sy'n siarad Cymraeg
...achos bod gen i berthnasau Cymraeg
... achos mod i isio cael swydd arall
... achos mod i isio deall pobl yn y gwaith

Ers faint dach chi'n dysgu Cymraeg?
Dach chi'n adolygu?
Pam wnaethoch chi ddechrau dysgu Cymraeg?
Dach chi'n mynd i sefyll yr arholiad?

I've been learning Welsh since September
I've been learning Welsh for a year
I've been learning Welsh for two years
I revise for twenty minutes every night
I listen to the CDs every night

I started learning
... because I have friends
who speak Welsh
...because I have Welsh relations
... because I want another job
... because I want to understand
people at work

Since when have you been learning Welsh?
Do you revise?
Why did you start learning Welsh?
Are you going to sit the exam?

Gwrando

Gwrandewch ar y ddeialog a llenwi'r ffurflen yma ar sail yr wybodaeth sy ynddi. Mi fyddwch chi'n clywed y ddeialog dair gwaith.

Listen to the dialogue and fill in this form on the basis of the information in it. You will hear the dialogue three times.

Cyfarfod
Cwrs Cymraeg

Ffurflen Gwerthuso
(Evaluation Form)

Enwau'r dysgwyr: _____

Enw'r tiwtor: _____

Lle mae'r dosbarth: _____

Pa mor aml: _____

Pethau da: 1. _____
                    2. _____

Pethau y gallen   1. _____
nhw wella:
(Things they   2. _____
could improve)

Cynnydd: _____

Faint sy'n mynd
i sefyll yr arholiad: _____

Fasen nhw'n mynd
ar gwrs arall: _____

Geirfa

adolygu	-	*to revise*
arholiad	-	*examination*
cymharu	-	*to compare*
disgrifio	-	*to describe*
festri'r capel	-	*chapel vestry*
ffurflen(ni) (b)	-	*form(s)*
gwerthuso	-	*to evaluate*
milltir yr awr (mya)	-	*miles per hour (mph)*
perthynas		
(perthnasau)	-	*relative(s)*
sefyll arholiad	-	*to sit an exam*

**Ychwanegwch eirfa
sy'n berthnasol i chi:**
> *Add vocabulary that's
> relevant to you:*

_____

_____

_____

_____

Tasg - 'Mastermind'

Lle gaethoch chi'ch geni a'ch magu?

Disgrifiwch yr ardal lle gaethoch chi eich geni neu'ch magu.

Lle hoffech chi fyw? Pam?

Disgrifiwch yr ardal lle dach chi'n byw rŵan.

Dwedwch rywbeth am raglen deledu dda / ffilm dda dach chi
   wedi'i gweld yn ddiweddar.

Be' ydy'ch hoff _____ chi? Pam? (e.e. ffilm / raglen / le / lyfr)

Pwy ydy'ch hoff _____ chi? Pam? (e.e. actor / actores / ganwr / gantores)

Lle dach chi'n hoffi bwyta allan / siopa? Pam dach chi'n hoffi mynd yno?

Pwy ydy'r person hyna / ifanca yn eich teulu chi? Dwedwch rywbeth amdano/amdani.

Be' fasech chi'n wneud tasech chi'n ennill y loteri?

Lle hoffech chi fynd ar eich gwyliau? Pam?

Pa un oedd y gwyliau gorau / gwaetha gaethoch chi erioed?

Be' dach chi ddim yn hoffi wneud?

Be' ddylech chi wneud dros y penwythnos?

Be' dach chi'n feddwl o'ch dosbarth Cymraeg / o'ch llyfr cwrs Cymraeg?

Be' ydy'r peth gorau / y peth mwya anodd am ddysgu Cymraeg?

Be' dach chi'n feddwl o'r bobl sy'n byw drws nesa i chi?

Be' fyddwch chi'n wneud heno?

Be' oeddech chi'n hoffi wneud pan oeddech chi yn yr ysgol?

Dwedwch rywbeth am y tŷ lle dach chi'n byw rŵan.

Rhestr gyfair *Check list*

✔Ticiwch be' dach chi'n medru wneud. *Tick what you can do.*

☐ Dw i'n medru cymharu pethau drwy ddweud bod rhywbeth neu rywun
yn fwy ... na rhywbeth neu rywun arall (e.e. yn fwy pwysig, yn oerach)
> *I can compare things by saying something or someone is more ...*
> *than something or someone else (e.g. yn fwy pwysig, yn oerach)*

☐ Dw i'n medru dweud mai rhywbeth neu rywun ydy'r mwya ...
(e.e. y mwya pwysig, y gorau)
> *I can say something or someone is the most ... (e.g. y mwya pwysig, y gorau)*

☐ Dw i'n medru dweud ers faint o amser mae rhywbeth wedi digwydd
> *I can say how long something has been happening*

☐ Dw i'n medru dweud am faint o amser y bues i'n gwneud rhywbeth
> *I can say for how long I did something*

☐ Dw i'n medru holi ydy rhywun wedi gwneud rhywbeth neu fod yn rhywle erioed
> *I can ask whether someone has ever done something or ever been somewhere*

☐ Dw i'n medru siarad am ddyddiadau a dweud pryd digwyddodd
rhywbeth/mae rhywbeth yn digwydd
> *I can talk about dates and say when something happened/happens*

☐ Dw i'n medru dweud mod i wedi dweud rhywbeth
> *I can say I said something*

☐ Dw i'n medru dweud mod i ddim wedi gwneud rhywbeth yn y gorffennol
> *I can say I didn't do something in the past*

☐ Dw i'n medru holi wnaeth rhywun arall rywbeth yn y gorffennol
> *I can ask whether someone else did something in the past*

☐ Dw i'n medru dweud y baswn i wrth fy modd ac y basai rhywun arall wrth ei fodd
> *I can say I would be delighted and that someone else would be delighted*

☐ Dw i'n medru siarad am fy mhrofiad yn dysgu Cymraeg
> *I can discuss my experience learning Welsh*

Geirfa Graidd - unedau 26–30

adolygu	-	*to revise*		
amgueddfa				
(amgueddfeydd) (b)	-	*museum(s)*		
arholiad	-	*examination*		
blewog	-	*hairy*		
coleg(au)	-	*college(s)*		
cyfan	-	*whole*		
cymharu	-	*to compare*		
deallus	-	*intelligent*	mai	- *that*
disgrifio	-	*to describe*	mwyn	- *mild*
Dydd Calan	-	*New Year's Day*	nag arfer	- *than usual*
Dydd Ffŵl Ebrill	-	*April Fool's Day*	Nos Galan	- *New Year's Eve*
Dydd Gŵyl Dewi	-	*St David's Day*	Noson Tân Gwyllt	- *Bonfire Night*
Dydd San Padrig	-	*St Patrick's Day*	Noswyl Nadolig	- *Christmas Eve*
Dydd Santes			o lawer	- *by far*
Dwynwen	-	*St Dwynwen's Day*	perthynas	
			(perthnasau)	- *relative(s)*
Dydd Sant Ffolant	-	*St Valentine's Day*	peth(au) sy'n	
			gyffredin	- *thing(s)* in common
erioed	-	*ever, never*		
ers amser, ers meityn	-	*for ages*	plentynnaidd	- *childish*
ers oes	-	*for a while*	Portiwgal	- *Portugal*
festri'r capel	-	*chapel vestry*	pwysig	- *important*
ffurflen(ni) (b)	-	*form(s)*	sefyll arholiad	- *to sit an exam*
gorau	-	*best*	styfnig	- *stubborn*
gwaetha	-	*worst*	swil	- *shy*
gwahaniaeth(au)	-	*difference(s)*	tynnu	- *to pull*
gwerthuso	-	*to evaluate*	wrth fy modd	- *delighted, very happy*
gwych	-	*excellent*		
Llydaw	-	*Brittany*	Y Swistir	- *Switzerland*

Atodiad y Gweithle - Sylfaen

1.1 Ar y ffôn

Deialog 1

A: Bore da. Ga i'ch helpu chi?

B: Dw i isio siarad efo Mr Thomas.

A: Iawn. Be' ydy'ch enw chi os gwelwch chi'n dda?

B: Bryn Davies dw i.

A: Un munud, Mr Davies.

B: Diolch yn fawr.

Deialog 2

A: Prynhawn da. Ydy Luned i mewn heddiw?

B: Nac ydy. Pwy sy'n siarad?

A: Tomos ei brawd hi'n sy'n siarad.

B: Oes 'na neges i Luned?

A: Nac oes. Dw i'n medru ffonio'r rhif symudol.

B: Popeth yn iawn.

Rŵan dysgwch y deialogau ar eich cof. Symudwch o gwmpas y dosbarth i'w hymarfer.

Now learn the dialogues by heart. Move around the class to practise them.

1.2 Darllen

Darllenwch y darn yn uchel. Yna, efo'ch partner, meddyliwch am gwestiynau i'w gofyn i'r person a ddisgrifir yn y darn. Yna, newidiwch y manylion i siarad amdanoch chi eich hun.

Read the text aloud. Then, with your partner, think of questions to ask the person described in the text. Then change the details to talk about yourself.

Dw i'n gweithio mewn swyddfa yng nghanol y dre. Dw i'n helpu i drefnu cyfarfodydd fel arfer. Mae gen i ddau ddeg pum diwrnod o wyliau y flwyddyn. Dw i'n gweithio efo chwech o bobl eraill. Dan ni'n dechrau gwaith am hanner awr wedi wyth ac yn gorffen am bump o'r gloch. Dwi'n hoffi gweithio yna'n fawr iawn.

 **1.3 Siarad**

Efo'ch partner, siaradwch am y bobl yma:

With your partner, talk about these people:

Enw:	Dylan
Gwaith:	Nyrs
Adran:	Henoed
Rhif estyniad:	3795
Gwyliau:	22 diwrnod

Enw:	Mari
Gwaith:	Swyddog Cyngor
Adran:	Marchnata
Rhif estyniad:	7189
Gwyliau:	25 diwrnod

uned 2

2.1 Geirfa'r gwaith

Work vocabulary

Rhestrwch y pethau sy o'ch cwmpas chi yn y swyddfa /
yn eich gwaith, drwy ychwanegu at y rhestr yma:

*List the things which are around you in the
office / in your work, by adding to this list:*

1. desg
2. cyfrifiadur
3. ffôn
4. cadair
5. pennaeth
6. _____
7. _____
8. _____
9. _____
10. _____

Efo'ch partner, ewch drwy'r rhestr gan ymarfer

fy _____ **i**, yna **ei** _____ **o**, ac **ei** _____ **hi**.

With your partner, go through the list, practising
fy _____ **i**, *then* **ei** _____ **o**, *and* **ei** _____ **hi**.

2.2 Teitlau swyddi

Job titles

Gofynnwch y cwestiwn yma i bawb yn y dosbarth, ac ysgrifennu'r atebion ar bapur.

Ask every member of the class the following question, and write the answers on paper.

Be' ydy teitl eich swydd chi?

Yna, efo'ch partner, atebwch y cwestiynau yma:

Then, with your partner, answer these questions:

Oes 'na reolwr yn y dosbarth? e.e. Oes, Eddie. Rheolwr swyddfa ydy o.

Oes 'na swyddog yn y dosbarth? _____

Oes 'na gynorthwyydd yn y dosbarth? _____

Oes 'na bennaeth yn y dosbarth? _____

Ychwanegwch eirfa sy'n berthnasol i chi a'r bobl eraill yn y dosbarth:

Add vocabulary relevant to you and the other people in the class:

_____

_____

---

uned 3

3.1 Diwrnod gwaith

Work day

Ysgrifennwch pryd dach chi'n gwneud y pethau yma yn eich diwrnod gwaith arferol:

Write when you do these things in your usual work day:

	e.e.	cyrraedd	-	am 8.30
Pryd dach chi'n....?		gadael y tŷ	-	_____
		cyrraedd y gwaith	-	_____
		cael coffi	-	_____
		cael cinio	-	_____
		dechrau yn y prynhawn	-	_____
		cael cyfarfodydd	-	_____
		ateb y post	-	_____
		cael te yn y prynhawn	-	_____
		gorffen gwaith	-	_____
		cyrraedd adre	-	_____

Rŵan gofynnwch i'ch partner am ei ddiwrnod gwaith o / ei diwrnod gwaith hi.

Now ask your partner about his or her work day.

Ar ôl gorffen, gofynnwch i'ch partner am ei ddiwrnod gwaith
o / ei diwrnod gwaith hi **ddoe** (neu yr wythnos diwetha), e.e.
*When you have finished, ask your partner about
his or her work day **yesterday** (or last week), e.g.*

Be' wnaethoch chi am wyth o'r gloch?
Be' wnaethoch chi am hanner awr wedi naw?

3.2 Memo
Darllenwch y memo yma:
Read this memo:

Rŵan, darllenwch
y memo yn uchel
i'ch partner a newid y
manylion mewn print bras.
*Now, read the memo
aloud to your partner and
change the details in bold print.*

> Tomos,
>
> Mi es i i gyfarfod yn **Aberystwyth** ddoe i drafod y **cynllun newydd**. Mi wnaeth y **pennaeth** ofyn i mi weithio ar y **cynllun**, ac mi wnes i dderbyn y cynnig. Rhaid i mi symud i **Fangor** y flwyddyn nesa. Paid â dweud wrth neb - dw i ddim wedi dweud wrth **fy ngwraig** i eto!

uned4

4.1 Swyddi dach chi wedi eu gwneud
Jobs you have done
Ar ddarn o bapur, ysgrifennwch deitl swydd dach chi wedi ei gwneud yn y gorffennol. Mi fydd y tiwtor yn casglu'r papurau ac yn ysgrifennu'r swyddi ar y bwrdd gwyn/du. Wedyn mi fydd rhaid i bawb ddyfalu pwy sydd wedi gwneud pa swyddi, drwy ofyn cwestiynau fel:
*On a piece of paper, write the title of a job you have done in the past. Your tutor will collect
the papers. Then everyone will have to guess who has done which jobs, by asking questions like:*

*Wyt ti wedi gweithio
fel gyrrwr?*

*Wyt ti wedi gweithio
mewn banc?*

Wedyn holi pawb am y swyddi
maen nhw wedi eu gwneud.
*Then ask everyone questions
about the jobs they have done.*

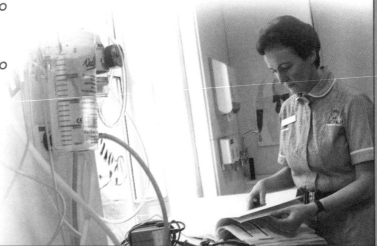

4.2 Dyletswyddau

Duties

Rhestrwch be' mae'n rhaid i chi ei wneud yn eich swydd chi,

e.e. ateb cwsmeriaid, helpu yn y stordy, llungopïo, mynd i gyfarfodydd.

Gofynnwch i'ch tiwtor am help efo'r eirfa sydd ei hangen arnoch chi.

List the things you have to do in your job, e.g. answer customers, help in the storehouse, photocopy, go to meetings. Ask your tutor for help with the vocabulary you need.

1. _____

2. _____

3. _____

5. _____

6. _____

Trafodwch â'ch partner. *Discuss with your partner.*

Gofynnwch:

Ers faint dach chi'n....

4.3 Deialog

A: Wyt ti wedi gorffen y llungopïo?

B: Ydw, mae o'n barod ers oriau.

A: Wyt ti wedi ysgrifennu'r adroddiad?

B: Ydw, mae'r drafft efo Mr Edwards.

A: Wyt ti wedi cysylltu â'r coleg?

B: Ydw, mi wnes i anfon e-bost ddwy awr yn ôl.

A: Wyt ti wedi gwneud pob dim?

B: Ydw! Fi sy'n rhedeg y lle 'ma!

Wedi ymarfer mewn parau, ceisiwch gofio rhan B.

After practising in pairs, try to remember part B.

uned5

5.1 Disgrifio'r lle gwaith

Describing the workplace

Mae gynnon ni un adeilad	*We have one building*
Mae gynnon ni ddau adeilad	*We have two buildings*
Mae gynnon ni un ystafell	*We have one room*
Mae gynnon ni ddwy ystafell	*We have two rooms*
Mae gynnon ni dri safle	*We have three sites*
Dan ni'n gweithio o adre	*We work from home*

Gramadeg

Cofiwch: geiriau unigol ar ôl rhifau yn Gymraeg
> *Remember: singular words after numbers in Welsh*

Rŵan, disgrifiwch eich lle gwaith mewn parau.
> *Now, describe your workplace in pairs.*

5.2 Yn y gweithle
> *In the workplace*

Oes 'na rywun yn eich lle gwaith sy'n siarad Cymraeg? Gofynnwch iddyn nhw fod yn fentor i chi, a'ch helpu i ddefnyddio'r Gymraeg bob dydd. Un syniad yw neilltuo un amser coffi neu amser cinio i gyfarfod ac i sgwrsio yn Gymraeg. Defnyddiwch rai o'r gweithgareddau yn y llyfr cwrs yn sail i'r sgyrsiau hyn, e.e. rhai o'r gemau, deialogau, neu'r cwestiynau 'Mastermind' yn yr unedau adolygu.

> *Is there someone in your workplace who speaks Welsh? Ask him or her to be your mentor and to help you to use your Welsh every day. One idea is to dedicate one coffee break or lunchtime to meet and chat in Welsh. Use some of the activities from the course book as a basis for these conversations, e.g. some of the games, dialogues or the 'Mastermind' questions.*

uned6

6.1 Nodyn atgoffa
> *Reminder*

Meddyliwch am gynghorion i'r cydweithwyr yma, e.e.
> *Think of advice for these colleagues, e.g.*

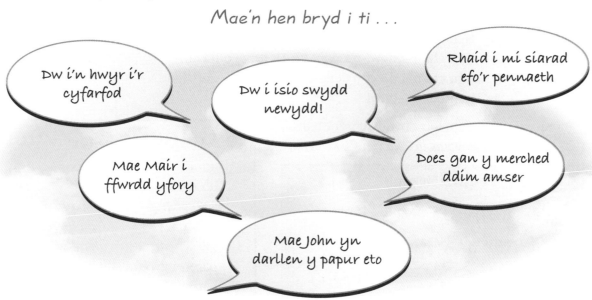

😊😕 6.2 Problemau yn y gwaith

Problems at work

Trafodwch y problemau sy gan y bobl yma. Cynigiwch gynghorion, gan ddechrau â:

Discuss these people's problems. Offer advice, starting with:

Rhaid iddo fo… / Rhaid iddi hi… / Rhaid iddyn nhw…

John	Dydy o ddim yn dŵad ymlaen efo'i bennaeth
Mair	Dydy hi ddim yn hapus yn y gwaith
Tomos	Mae o'n teithio yn bell i gyrraedd y swyddfa
Elen	Mae'r rheolwr yn ei bwlio hi
Ysgrifenyddes	Dydy hi ddim yn cael digon o gyflog
Pawb	Does 'na ddim digon o le i barcio

😊😕 6.3 Trafodwch:

Discuss:

Oes gynnoch chi broblemau yn y gwaith?

Ar bwy mae'r bai?

uned 7

😊😕 7.1 Siarad am eich cydweithwyr

Talking about your colleagues

e.e.   Dw i'n meddwl fod o'n neis iawn.

Be' dach chi'n feddwl o'ch pennaeth?
Be' dach chi'n feddwl o'r bobl yn eich swyddfa chi?
Be' dach chi'n feddwl o bennaeth y cwmni / sefydliad?
Be' dach chi'n feddwl o ....

Dyma rai geiriau i'ch helpu - byddwch yn ofalus!
Here are some words to help you - be careful!

> prysur   gweithgar   anodd
>
> da   pwysig   parod i helpu
>
> parod i gwyno   deallus
>
> talentog   da mewn argyfwng

🎨 Geirfa

anodd	-	*difficult*
da mewn argyfwng	-	*good in a crisis*
deallus	-	*intelligent*
gweithgar	-	*hard-working*
parod i gwyno	-	*a bit of a whinger*
parod i helpu	-	*willing to help*
talentog	-	*talented*

7.2 Atebwch yn ôl yr enghraifft

Answer according to the example

> **C:** Ydy John yn y swyddfa?
> **A:** Ydy, dw i'n meddwl fod o.

C: Ydy Sandra yn y gwaith?
C: Ydy Morys yn y cyfarfod?
C: Ydy Lowri yma heddiw?
C: Ydy pawb arall yn gwybod?
C: Ydy'r merched yn dŵad i'r cinio?
C: Ydy'r ffeiliau'n barod i fynd?
C: Wyt ti'n medru mynd ar y cwrs?
C: Wyt ti'n medru gweithio'n hwyr?
C: Wyt ti'n medru deall yr adroddiad?
C: Dan ni'n medru helpu?

 7.3 Holiadur

Questionnaire

Holwch be' ydy barn pawb yn y dosbarth am y pethau yma yn y lle gwaith:

Ask everyone in the class their opinion about these things in the workplace:

Enw	Adeiladau	Y parcio	Y bwyd

uned8

 8.1 Swyddi blaenorol

Previous jobs

Gofynnwch i'ch partner: *Ask your partner:*

Lle oeddech chi'n gweithio yn 2000?
Lle oeddech chi'n gweithio yn 1995?
Lle oeddech chi'n gweithio yn 1990?
Lle oeddech chi'n gweithio cyn hynny?

Atodiad y Gweithle - Sylfaen: Unedau 8-9

8.2 Sut mae'r swydd wedi newid?

How has the job changed?

1. Rŵan, dw i'n rheoli tri o bobl. Ro'n i'n arfer gweithio yn y dderbynfa.
2. Rŵan, dw i'n trefnu cyfarfodydd. Ro'n i'n arfer bod yn ysgrifennydd.
3. Rŵan, dw i'n gyrru'r fan. Ro'n i'n arfer ateb y ffôn.
4. Rŵan, fi ydy'r pennaeth. Ro'n i'n arfer gwneud y te.

Meddyliwch am frawddegau tebyg i ddisgrifio eich sefyllfa chi. Trafodwch â'ch partner.

Think of similar sentences to describe your situation. Discuss with your partner.

uned9

9.1 Tasgau yn y gweithle

Tasks in the workplace

Rhestrwch y tasgau pob dydd dach chi'n eu gwneud wrth eich gwaith:

List the everyday tasks you do at work:

1. _____
2. _____
3. _____
4. _____
5. _____
6. _____

Efo'ch partner, trafodwch y tasgau y mae'n well gynnoch chi eu gwneud.

With your partner, discuss the tasks you prefer doing.

Yna, newidiwch bartneriaid a thrafod be' dach chi ddim yn hoffi wneud.

Then, change partners and discuss what you don't like doing.

9.2 Siarad am offer swyddfa

Talking about office equipment

Pa fath o gyfrifiadur sy gynnoch chi?	*What sort of computer do you have?*
Pa fath o gar sy gynnoch chi?	*What sort of car do you have?*
Pa fath o swyddfa sy gynnoch chi?	*What sort of office do you have?*

Dan ni'n defnyddio	*We use ....*
Mae gan y cwmni geir Renault	*The company has Renault cars*
Mae gynnon ni gynllun agored	*We have an open plan*
Mae gynnon ni ystafell yr un	*We have a room each*

 Gofynnwch y cwestiynau i'ch partner. Gofynnwch i'ch tiwtor am help efo'r eirfa.
Ask your partner the questions. Ask your tutor for help with the vocabulary.

Geirfa

cynllun agored - *open plan*

**Ychwanegwch eirfa
sy'n berthnasol i chi:**
*Add vocabulary that's
relevant to you:*

9.3 Adrannau
Departments

Adran Gyllid	*Finance Department*
Adran Adnoddau Dynol	*Human Resources Department*
Adran Hyfforddi	*Training Department*
Adran Weinyddol	*Administrative Department*
Adran y Prif Weithredwr	*Chief Executive's Department*
Adran Ddiogelwch	*Security Department*

Oes 'na adrannau eraill yn eich lle gwaith chi?
Are there other departments in your workplace?

Ym mha fath o adran dach chi'n gweithio?
In what sort of department do you work?
Siaradwch am waith yr adran.
Talk about the work of the department.

uned10

10.1 Holiadur
Questionnaire

Gofynnwch y cwestiwn isod i bawb yn y dosbarth.

Atebwch gan ddweud y flwyddyn yn Gymraeg.

Ask everyone in class the following question. Answer saying the year in Welsh.

Pryd wnaethoch chi ddechrau gweithio yma?

Enw	Dechrau	Enw	Dechrau

Rŵan gweithiwch efo'ch partner, a holi eich gilydd, e.e.:

Now work with your partner and ask, e.g.:

Pwy wnaeth ddechrau yma yn 1997?

10.2 Siarad efo'r cyhoedd
Talking to the public

Os ydy siarad efo'r cyhoedd yn rhan o'ch gwaith, meddyliwch am ymadroddion fasai'n ddefnyddiol i chi. Ychwanegwch at y rhestr yma - mi fydd eich tiwtor yn helpu.

If talking to the public is part of your work, think of phrases which would be useful to you. Add to this list - your tutor will help.

Ga i'ch helpu chi?

Dw i'n meddwl bod rhaid i chi siarad efo rhywun arall.

Dw i isio rhai manylion os gwelwch chi'n dda.

Mae'n ddrwg gen i mod i ddim wedi ateb y llythyr.

1. _____

2. _____

3. _____

4. _____

uned 11

 ## 11.1 Siarad am eich cydweithwyr
Talking about your colleagues

dy ysgrifenyddes di	*your secretary*
dy bennaeth di	*your boss*
dy reolwr llinell di	*your line manager*
dy gynorthwyydd di	*your assistant*

Lle gaeth dy _____ di ei eni?

Lle gaeth dy _____ di ei geni?

Pryd gaeth dy _____ di ei eni?

Pryd gaeth dy _____ di ei geni?

Lle gaeth dy _____ di ei fagu?

Lle gaeth dy _____ di ei magu?

**Ychwanegwch eirfa
sy'n berthnasol i chi:**
> *Add vocabulary that's
> relevant to you:*

_____

Geirfa

cynorthwyydd	-	*assistant*
rheolwr llinell	-	*line manager*

11.2 Llenwi ffurflen
Form filling

Llenwch y ffurflen isod â manylion dychmygol.
> *Fill in the form below with imaginary details.*

M A N Y L I O N   Y   C W S M E R

Enw(au) cyntaf: _____

Cyfenw: _____

Cyfeiriad: _____

Rhif ffôn: _____

Dyddiad geni: _____

Man geni: _____

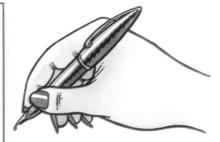

Mi fydd eich tiwtor yn
gofyn cwestiynau i chi.
> *Your tutor will
> ask you questions.*

uned 12

12.1 Ymarfer
Practice

Mi gaeth y gwaith ei wneud	*The work was done*
Mi gaeth y dyn ei ddiswyddo	*The man was made redundant*
Mi gaeth y prosiect ei orffen	*The project was finished*
Mi gaeth y llythyr ei anfon	*The letter was sent*
Mi gaeth y swyddfa ei gwerthu	*The office was sold*
Mi gaeth y ferch ei dyrchafu	*The girl was promoted*
Be' wnaeth ddigwydd i'r gwaith?	*What happened to the work?*
Be' wnaeth ddigwydd i'r dyn?	*What happened to the man?*
Be' wnaeth ddigwydd i'r swyddfa?	*What happened to the office?*

Gofynnwch y cwestiynau i'ch partner.
Ask your partner the questions.

**Ychwanegwch eirfa
sy'n berthnasol i chi:**
> *Add vocabulary that's
> relevant to you:*
> _____

Geirfa

anfon	-	*to send*
diswyddo	-	*to sack*
dyrchafu	-	*to promote*
prosiect	-	*project*

12.2 Cwestiynau am eich lle gwaith chi
Questions about your workplace

Pryd gaeth eich lle gwaith chi ei adeiladu?	*When was your workplace built?*
Pryd gaeth eich swyddfa chi ei pheintio ddiwetha?	*When was your office last painted?*
Pryd gaeth eich cyfrifiadur chi ei brynu?	*When was your computer bought?*
Lle gaeth eich cyfweliad chi ei gynnal?	*Where was your interview held?*

Meddyliwch am gwestiynau eraill sy'n
dechrau â Pryd gaeth... yn ymwneud â'ch lle gwaith.
> *Think of other questions starting with*
> Pryd gaeth... *involving your workplace.*

uned 13

 13.1 Deialog
   Dialogue

A: Ga i'ch helpu chi os gwelwch chi'n dda?

B: Cewch, gobeithio. Dw i isio siarad efo rhywun o'r adran gyllid.

A: Does 'na neb yna ar hyn o bryd, mae'n ddrwg gen i.

B: Oes 'na rywun arall yn gallu delio ag ymholiadau?

A: Nac oes. Wnewch chi ffonio nôl yfory?

B: Gwnaf. Diolch am eich help.

 Geirfa

ar hyn o bryd	-	*at the moment*
cwyn (b)	-	*complaint*
delio â	-	*to deal with*
ymholiad	-	*enquiry*

**Ychwanegwch eirfa
sy'n berthnasol i chi:**
   *Add vocabulary that's
   relevant to you:*

_____

_____

Trafodwch: *Discuss:*
   **Sut dach chi'n delio
   â chwynion yn y gwaith?**

 13.2 Ysgrifennu nodyn
   Writing a note

Efo'ch partner, ysgrifennwch e-bost at eich rheolwr llinell yn gofyn am ddiwrnod i
ffwrdd o'r gwaith yr wythnos nesa. Esboniwch pam. Rhaid i chi ddefnyddio'r geiriau yma:
   *With your partner, write an e-mail to your line manager asking for a day off
   from work next week. Explain why. You must use these words:*

diwrnod	gwaith	problem	rhywun	Ga i	deall

> Annwyl...

uned14

14.1 Diffinio swyddi

Defining jobs

Efo'ch partner, diffiniwch y swyddi isod, e.e.

With your partner, define the jobs below, e.g.

Ysgrifennydd - rhywun sy'n gwneud y gwaith gweinyddol

Plismon _____

Athro _____

Ffermwr _____

Cynghorwr _____

Gyrrwr tacsi _____

Deintydd _____

Siaradwch am rôl y bobl yn y dosbarth, e.e.

Talk about the rôle of the people in the class, e.g.

A: Pwy ydy John?

B: Y person sy'n rhedeg yr adran hyfforddi.

A: Pwy ydy Mair?

B: Y person oedd yn gwneud pob dim.

14.2 Cwestiynau trafod *Discussion questions*

Pwy sy'n gwneud y coffi yn eich lle gwaith chi?
Pwy sy'n trefnu'r cinio Nadolig yn eich lle gwaith chi?
Pwy sy'n achosi problemau yn eich lle gwaith chi?
Pwy sy'n trwsio'r cyfrifiadur?
Pwy sy'n cloi'r swyddfa?
Pwy sy'n dŵad i'r gwaith gynta?
Pwy sy'n gadael y gwaith gynta?
Pwy sy'n gofalu am y pres?

15.1 Disgrifio

Describing

 Darllenwch y disgrifiad yma yn uchel efo'ch partner:
Read this description aloud with your partner:

Mae Delia'n gweithio yn y swyddfa ers pum mlynedd. Hi sy'n ateb y ffôn a hi sy'n trefnu bod gyrrwr ar gael. Mae hi'n gweithio o wyth o'r gloch y nos tan dri o'r gloch y bore ar nos Wener a nos Sadwrn. Mi gaeth hi ei geni a'i magu yn yr ardal, felly mae hi'n gwybod lle mae pob tŷ a stryd. Mae hi'n mwynhau'r gwaith, ond os bydd pobl wedi meddwi yn ffonio, does gynni hi ddim amynedd. Mae Tacsis Teresa'n dibynnu arni hi!

 Efo'ch partner, ysgrifennwch bump cwestiwn am Delia ar bapur sgrap.
With your partner, write five questions about Delia on scrap paper.

15.2 Tabl siarad

Talking table

 Defnyddiwch y tabl yma i greu cwestiynau, e.e.
Use this table to create questions, e.g.

Be' wnaeth ddigwydd i'r gwaith?   Mi gaeth o ei orffen.

Pryd gaeth o ei orffen?   Mi gaeth o ei orffen dros y penwythnos.

Pwy wnaeth orffen y gwaith?   Mi gaeth o ei orffen dros y penwythnos gan Mr Edwards.

Sut gaeth o ei orffen?   Mi gaeth o ei orffen dros y penwythnos gan Mr Edwards
efo help ei wraig o.

Be'	wnaeth ddigwydd	Pryd	Pwy	Sut
gwaith	gorffen	dros y penwythnos	Mr Edwards	efo help ei wraig o
adroddiad	ysgrifennu	neithiwr	Lowri	ar y cyfrifiadur adre
llythyr	anfon	ddoe	yr ysgrifennydd	drwy'r post mewnol
car	gwerthu	heddiw	y pennaeth	ar y we
gweithiwr	diswyddo	y mis diwetha	Mrs Morgan	ar y ffôn
y swyddfa	cau	y llynedd	y perchennog	drwy lythyr

Geirfa

mewnol	-	*internal*
perchennog	-	*owner*
y we	-	*the web*

**Ychwanegwch eirfa
sy'n berthnasol i chi:**
> *Add vocabulary that's
> relevant to you:*

_____

15.3 Cwestiynau
Questions

▼ Faint o wyliau sy gynnoch chi?
Pryd dach chi'n cymryd eich gwyliau?
Pryd mae'ch cinio Nadolig chi?
Lle mae'ch cinio Nadolig chi?
Lle gaeth cinio y llynedd ei gynnal?
Be' dach chi'n hoffi fwyta amser cinio fel arfer?

uned16

16.1 Cynlluniau'r wythnos nesa
Next week's plans

Ysgrifennwch lle byddwch chi yr wythnos nesa yn y golofn gynta. Yna, holwch eich partner.
> *Write where you will be next week in the first column. Then, ask your partner.*

Lle byddi di dydd Mawrth?

Dydd	Chi	Eich Partner
Dydd Llun		
Dydd Mawrth		
Dydd Mercher		
Dydd Iau		
Dydd Gwener		

16.2 Esgusodion
Excuses

Atebwch yn ôl yr enghraifft:
> *Answer according to the example:*

A: Fyddi di yn y cyfarfod yfory?
B: Na fydda. Dw i'n mynd i Gaerdydd.

A: Fyddi di yn y gwaith yr wythnos nesa?
A: Fyddi di ar y cwrs nesa?
A: Fyddi di ar dy wyliau yfory?
A: Fyddi di'n cyfarfod Mr Jones yfory?
A: Fyddi di'n defnyddio Ystafell 2 y
prynhawn 'ma?

uned 17

17.1 Be' wnei di yfory?

What will you do tomorrow?

Dyma restr o bethau i'w gwneud yfory.

Here is a list of things to do tomorrow.

Ffonio > Mi wna i ffonio'r pennaeth

Be' wnei di ar ôl ffonio'r pennaeth?

Trafodwch efo'ch partner.

Discuss with your partner.

17.2 Deialog

Dialogue

Efo'ch partner:

A: Be' wnei di os na ddaw'r parsel?

B: Dw i ddim yn siŵr.

A: Be' wnei di os cawn ni gais?

B: Dw i ddim yn gwybod.

A: Be' wnei di os gwnei di weld y pennaeth?

B: Does gen i ddim syniad.

A: Be' wnei di os...

B: Paid â phoeni! Mi wna i ngorau, dw i'n addo.

Rŵan, ceisiwch gofio'r rhannau.

Now try to remember both parts.

I'w gwneud

ffonio'r pennaeth

gwneud y te

trefnu'r cyfarfod

e-bostio'r cwsmer

ysgrifennu'r adroddiad

talu'r anfoneb

archebu'r offer

Geirfa

addo	-	*to promise*
anfoneb	-	*invoice*
archebu	-	*to order*
cais	-	*application*
offer	-	*equipment*
syniad	-	*idea*

---

uned 18

18.1 Ffurfio brawddegau

Forming sentences

Defnyddiwch y tabl i ffurfio brawddegau, yn ôl yr enghraifft:

Use the table to form sentences, according to the example:

A: Be' os bydd hi'n braf?

B: Mi a i yn y car.

Geirfa

ar goll	-	*lost*
ar streic	-	*on strike*
wedi torri	-	*broken*

Be' os...	gwneud?
...bydd hi'n braf?	mynd yn y car
...bydd y pennaeth yn hwyr?	dechrau heb y pennaeth
...bydd y llythyr ar goll?	ffonio'r swyddfa
...bydd y cyfrifiadur wedi torri?	anfon ffacs
...bydd yr adran ar gau?	gwneud y gwaith
...bydd y gyrwyr ar streic?	cerdded i'r gwaith
...bydd y parti nos Iau?	dod yn hwyr dydd Gwener

18.2 Ysgrifennu nodyn

Writing a note

Ysgrifennwch nodyn at gydweithiwr yn
trefnu i gyfarfod. Rhaid i chi ddefnyddio'r
ymadroddion canlynol:

*Write a note to a colleague arranging to
meet. You must use the following phrases:*

Wnei di   yfory   bydd   gweld

uned 19

19.1 Pethau y dylech chi wneud

Things you should do

Rhestrwch dri pheth y dylech chi wneud bob dydd yn
y gwaith a thri pheth ddylech chi ddim eu gwneud, e.e.

List three things you should do every day at work and three things you shouldn't do, e.g.

| ateb yr e-bost | ysgrifennu adroddiad | anfon llythyr |

| trefnu cyfarfod | bwcio ystafell | ffonio eich cariad yn America |

1. _____   1. _____

2. _____   2. _____

3. _____   3. _____

19.2 Cwestiynau

Questions

Mewn grwpiau o dri, trafodwch y cwestiynau yma:

In groups of three, discuss these questions:

	Hoffwn, yn fawr ✔✔✔	Ella ✔✔	Na hoffwn ✔✔✔✔✔✔
Hoffech chi weithio rhan amser?			
Hoffech chi gael amser i ffwrdd i ddysgu Cymraeg?			
Hoffech chi gael swyddfa fwy?			
Hoffech chi beidio rhannu swyddfa?			
Hoffech chi gael pennaeth newydd?			
Hoffech chi gael swydd arall?			
Hoffech chi gael rhagor o wyliau?			
Hoffech chi gael ffreutur newydd?			
Hoffech chi ymddeol yn gynnar?			

Geirfa

| ffreutur | - | *refectory* |
| rhannu | - | *to share* |

Ychwanegwch eirfa
sy'n berthnasol i chi:
*Add vocabulary that's
relevant to you:*

_____

_____

Sut hoffech chi newid eich lle gwaith?

uned20

 20.1 Deialog
Dialogue

A: Dwyt ti ddim wedi gofyn i'r staff.
B: Nac ydw. Mi ddylwn i fod wedi gwneud.
A: Dwyt ti ddim wedi trefnu'r peth yn iawn.
B: Dw i'n gwybod. Mi ddylwn i fod wedi
  dechrau fisoedd yn ôl.
A: Dwyt ti ddim wedi cael yr arian i wneud hyn.
B: Iawn eto. Mi ddylwn i fod wedi gofyn i ti
  wneud y cwbl, mae'n amlwg.

 Geirfa

amlwg	- *obvious*
cwbwl	- *everything*
fisoedd yn ôl	- *months ago*
trefnu	- *to organise*

Ceisiwch ddysgu'r ddeialog ar eich cof.
Try to remember the dialogue by heart.

 20.2 Siarad am y llun
Efo'ch partner, trafodwch y lluniau. Be' sy'n
digwydd yn y llun? Be' ddylai'r bobl wneud?
  *With your partner, discuss the pictures. What's
  happening in the picture? What should the people do?*

 20.3 Geirfa *Vocabulary*
Ar sgrap o bapur, ysgrifennwch eiriau sy'n berthnasol i'ch lle gwaith
chi. Mi fydd eich tiwtor yn dweud wrthoch chi be' i'w wneud nesa.
  *On a piece of scrap paper, write words which are relevant to
  your workplace. Your tutor will tell you what to do next.*

 20.4 Syniad da
Ysgrifennwch nodiadau atoch chi eich hun yn Gymraeg ar *post-its*
a'u rhoi o gwmpas eich desg a'ch swyddfa. Mae hyn yn ffordd dda o adolygu!
  *Write notes to yourself in Welsh on post-its and put them around your
  desk and office. A good way to revise!*

uned**21**

21.1 Mi faswn i'n....

Mi faswn i'n...

Rhestrwch y pethau y basech chi'n gwneud tasech chi'n bennaeth eich lle gwaith chi, e.e.

List the things that you would do if you were the head of your workplace, e.g.

Mi faswn i'n diswyddo pawb

Mi faswn i'n rhoi codiad cyflog i bawb

Mi faswn i'n symud y swyddfa

Mi faswn i'n ehangu

Mi faswn i'n newid cyfeiriad

Mi faswn i'n cael rhagor o staff

Geirfa

codiad	-	*increase*
cyflog	-	*pay / wage*
ehangu	-	*to expand*
pwyllgor	-	*committee*

Ychwanegwch eirfa sy'n berthnasol i chi:

Add vocabulary that's relevant to you:

_____

21.2 Tasgau diflas

Boring tasks

Rhowch y rhestr yma o dasgau yn y drefn y basai'n well gynnoch chi eu gwneud.
Trafodwch efo'ch partner.

Put this list of tasks in the order you'd prefer to do them. Discuss with your partner.

Y rhestr	Eich rhestr chi
Gwneud y te	1. _____
Gwagio'r bin sbwriel	2. _____
Llungopïo	3. _____
E-bostio	4. _____
Ateb cwynion	5. _____
Bod mewn pwyllgor	6. _____
Siarad o flaen grŵp	7. _____
Cyfieithu rhywbeth	8. _____
Diswyddo rhywun arall	9. _____
Gweithio dros y penwythnos	10. _____

uned22

22.1 Cwestiynau

Trafodwch mewn grŵp o dri:

Be' fasech chi'n wneud tasech chi'n cael eich diswyddo?
Be' fasech chi'n wneud tasech chi'n cael gwyliau yfory?
Be' fasech chi'n wneud tasech chi'n cael cynnig swydd arall?
Be' fasech chi'n wneud tasai eich
cynorthwyydd / cydweithiwr yn gadael?
Be' fasech chi'n wneud tasech chi'n gweld
cydweithiwr yn gwneud rhywbeth o'i le?

22.2 Holiadur

Gofynnwch i bump o bobl
yn y gwaith neu'r dosbarth.

Geirfa

cynnig	- *offer*
dyrchafiad	- *promotion*
galw am hynny	- *to call for that*
streic	- *strike*
undeb	- *union*
ymddeol	- *to retire*

Enw	Fasech chi'n ymddeol yn gynnar, tasech chi'n cael cynnig?	Fasech chi'n cerdded i'r gwaith tasai hi'n braf?	Fasech chi'n mynd ar streic, tasai'r undeb yn galw am hynny?	Fasech chi'n gwneud unrhyw beth i gael dyrchafiad?
1.				
2.				
3.				
4.				
5.				

uned23

Geirfa

agosa	- *nearest*
campfa (b)	- *gym*

**Ychwanegwch eirfa
sy'n berthnasol i chi:**
*Add vocabulary that's
relevant to you:*

_____

23.1 Pa mor bell...

Efo'ch partner trafodwch (*discuss*)
pa mor bell ydy'ch lle gwaith chi o'r....

swyddfa bost agosa
siop fwyd agosa
banc agosa
parc agosa
gampfa agosa
gwesty agosa
coleg agosa
swyddfa heddlu agosa

23.2 Disgrifio'r swyddfa

Dydy hi ddim yn fawr iawn	*It's not very big*
Mae hi'n anniben	*It's untidy*
Mae hi'n daclus	*It's tidy*
Mae hi'n llawn ffeiliau	*It's full of files*
Mae o'n enfawr	*It's huge*
Dydy o ddim yn gysurus iawn	*It's not very comfortable*
Pa fath o swyddfa dach chi'n gweithio ynddi?	*What kind of office do you work in?*
Pa fath o le dach chi'n gweithio ynddo?	*What kind of place do you work in?*

Gofynnwch i'ch tiwtor os oes angen geirfa ychwanegol.
> *Ask your tutor if you need extra vocabulary.*

23.3 Iechyd a diogelwch
Health and safety

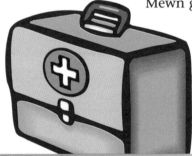

Mewn grwpiau o dri, trafodwch y cwestiynau yma:

Pa mor saff ydy'ch lle gwaith chi?
Pa mor aml mae problemau'n codi?
Pa mor aml mae rhywun yn mynd yn sâl yn y gwaith?
Oes 'na dân wedi bod yn y lle gwaith erioed?
Oes rhywun wedi bod yn sâl erioed?
Fasech chi'n gwybod sut i helpu rhywun sy'n sâl?

uned24

24.1 Deialog

A: Dan ni'n mynd i benodi Sylfia?
B: Dydy hi ddim mor brofiadol â'r lleill.
A: Nac ydy. Ond mae hi'n barod i ddysgu.
B: Does gynni hi ddim cymaint o gymwysterau â'r lleill.
A: Nac oes. Ond nid cymhwyster ydy pob dim.
B: Ond mae hi'n fodlon gweithio oriau hir.
A: Ydy hi? Hyd yn oed gyda'r nos?
B: Ydy, mae hi mor hyblyg â neb arall.

Rŵan, ceisiwch gofio eich rhan chi yn y ddeialog.
> *Now try to memorise your part of the dialogue.*

Geirfa

bodlon	-	*willing*
cymhwyster		
(cymwysterau)	-	*qualification(s)*
hyblyg	-	*flexible*
hyd yn oed	-	*even*
penodi	-	*to appoint*
profiadol	-	*experienced*
y lleill	-	*the others*

24.2 Cymharu pobl

Ffurfiwch frawddegau gan ddefnyddio'r sbardunau isod:

Form sentences using the prompts below:

e.e. John   gweithgar   Jane

Mae John mor weithgar â Jane.

Tom	+	profiadol	+	Terry
Gwen	+	hyblyg	+	Mari
y pennaeth	+	gweithgar	+	swyddog
y dynion	+	diog	+	y merched
fi	+	deallus	+	pawb arall

uned**25**

 25.1 Cyfweld

Tasech chi'n cyfweld un o'r bobl yma ar gyfer swydd 'Swyddog Hyfforddi' yn eich lle gwaith chi, pwy fasech chi'n ddewis? Pam? Trafodwch mewn grwpiau o dri.

If you were interviewing these people for the job of 'Training Officer' in your workplace, who would you choose? Why? Discuss in groups of three.

CV1

Enw:	John James
Oed:	59
Profiad:	Wedi gweithio mewn swyddfa debyg ers 10 mlynedd; wedi gweithio i gwmni cynhyrchu ac yn y byd addysg.
Cymwysterau:	Dim gradd; NVQs mewn rheolaeth.
Cefndir:	O'r ardal. Siarad Cymraeg yn rhugl.
Diddordebau:	Rygbi, gwneud croeseiriau, teithio.

CV2

Enw:	Ann O'Connor
Oed:	34
Profiad:	Dwy flynedd fel swyddog hyfforddi yn Llundain.
Cymwysterau:	Gradd mewn Seicoleg
Cefndir:	Wedi dysgu Cymraeg
Diddordebau:	Cathod, dysgu ieithoedd, teithio.

CV3

Enw:	Melissa Jenkinson
Oed:	23
Profiad:	Wedi gweithio fel Swyddog Personél
Cymwysterau:	Gradd yn y Gyfraith
Cefndir:	Wedi bod i ffwrdd - cyfnod mamolaeth
Diddordebau:	Darllen, edrych ar ôl y plant (tri ohonyn nhw), gwrando ar y radio.

Geirfa

croesair (croeseiriau)	-	*crossword(s)*
cwmni cynhyrchu	-	*production company*
cyfnod	-	*period, time*
gradd	-	*degree*
mamolaeth	-	*maternity*
rheolaeth	-	*management*
seicoleg	-	*psychology*
tebyg	-	*similar*
y gyfraith	-	*the law*

Ychwanegwch eirfa sy'n berthnasol i chi:

Add vocabulary that's relevant to you:

_____

_____

_____

25.2 Syniad da

Yn ystod amser cinio, be' am edrych ar wefannau sy'n helpu dysgwyr (mae llawer ohonyn nhw)? Be' am drefnu bod dau neu dri ohonoch chi'n dŵad i edrych ar y gwefannau yma yr un pryd neu efo rhywun sy'n siarad Cymraeg yn rhugl? Dyma rai awgrymiadau:

> *During the lunch break, what about looking at websites which help learners (there are lots of them)? Think about arranging for two or three of you to come to look at these websites at the same time or with someone who speaks Welsh fluently. Here are some suggestions:*

www.bbc.co.uk/cymru   www.s4c.co.uk

uned**26**

26.1 Cymharu llefydd

Sut mae gweithio yn Aberystwyth yn cymharu â'r llefydd hyn?
Atebwch yn ôl yr enghraifft:

> *Answer according to the example:*

prysur   > Tregaron =

                             Mae o'n fwy prysur na Thregaron
                             Mae o'n llai prysur na _____

llai   > Caerdydd   = _____

tawel   > Abertawe   = _____

diflas   > Pontypridd = _____

canolog   > Conwy   = _____

pell   > Dolgellau   = _____

gwyntog   > Prestatyn   = _____

> Cymharwch lefydd eraill â lle dach chi'n gweithio.

26.2 Tasgau dach chi'n dda am eu gwneud

Rhowch y rhestr yma yn y drefn iawn - y pethau dach chi'n dda am eu gwneud yn gynta:

> *Put this list in the right order - the things you're good at doing first:*

Dw i'n dda iawn am... trefnu pethau   _____

                     ysgrifennu adroddiadau   _____

                     siarad yn gyhoeddus   _____

                     delio efo pobl   _____

                     defnyddio'r cyfrifiadur   _____

                     cofio enwau pobl   _____

                     gweithio dan bwysau   _____

                     Cofiwch y treiglad meddal ar ôl **am**!

Geirfa

cyhoeddus   - *public*
dan bwysau   - *under pressure*

Ychwanegwch eirfa sy'n berthnasol i chi:
Add vocabulary that's relevant to you:

Efo'ch partner, trafodwch pwy
sy orau am wneud y tasgau uchod, e.e.
*With your partner, discuss who's
best at doing the above tasks, e.g.*

Dw i'n well na ti am weithio dan bwysau.

uned 27

27.1 Pobl yn y gwaith

Trafodwch y bobl a enwir drwy ffurfio brawddegau yn ôl yr enghraifft:
Discuss the people named by making up sentences according to the example given:

e.e. Tom + gweithgar   =   **A:**   Be' wyt ti'n feddwl o Tom?
                                    B: Tom ydy'r mwya gweithgar yn y swyddfa 'ma.

Delyth + talentog   Luciano + tew
Edwin + twp   Dai + cyfoethog
Dino + digri   Y pennaeth + diog
Gwen + poblogaidd   Ned + plentynnaidd

27.2 Archebu offer
Ordering equipment

Efo'ch partner,
trafodwch, e.e.

I brynu papur A4, mae
Offer da yn ddrutach
na Gwaith Gwych.

I brynu ffeiliau, Gwaith
Gwych yw'r druta.

Offer da

Papur A4:	£9 y bocs
Amlenni:	£17 am 50
Beiros:	30c yr un
Inc i'r argraffydd:	£46 am un 'cartridge'
Clipiau papur:	£7 y bocs
Ffeiliau:	£4.75 yr un

Gwaith Gwych

Papur A4:	£8 y bocs
Amlenni:	£15 am 50
Beiros:	40c yr un
Inc i'r argraffydd:	£49 am un 'cartridge'
Clipiau papur:	£5.50 y bocs
Ffeiliau:	£6.30 yr un

Stwff Swyddfa

Papur A4:	£10 y bocs
Amlenni:	£19.50 am 50
Beiros:	40c yr un
Inc i'r argraffydd:	£51 am un 'cartridge'
Clipiau papur:	£5.50 y bocs
Ffeiliau:	£4.20 yr un

uned28

28.1 Ers faint...

Mewn grwpiau o dri, trafodwch y cwestiynau yma:

> Ers faint dach chi'n gweithio yma?
> Ers faint dach chi yn yr adran yma?
> Ers faint dach chi ar gynllun pensiwn?
> Ers faint dach chi'n defnyddio cyfrifiadur?

Meddyliwch am ragor o gwestiynau yn dechrau efo **Ers faint...**
Think of more questions starting with **Ers faint...**

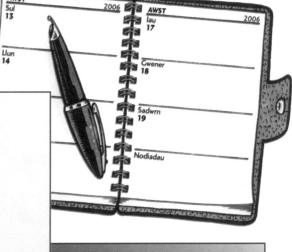

28.2 Dyddiadur

Efo'ch partner, trafodwch y dyddiadau yma,
e.e. **Pryd mae'r cyfarfod staff?**

cyfarfod staff	-	1/11/06
cyfweliad	-	7/11/06
dyddiad cau i'r cais	-	14/11/06
pwyllgor llywio	-	21/11/06
cinio Nadolig	-	18/12/06
cynhadledd	-	5-6/1/07
cyfarfod mewnol	-	15/1/07
gwyliau	-	20-28/3/07

Geirfa

cais	- *application*
cynhadledd (b)	- *conference*
pwyllgor llywio	- *steering committee*

Ychwanegwch eirfa sy'n berthnasol i chi:
Add vocabulary that's relevant to you:

uned**29**

🙂🙂 📖 29.1 Diwrnod ofnadwy yn y gwaith

Partner 1

Darllenwch y darn yma. Mi fydd eich partner yn darllen y darn arall (ar dudalen 178).
Ar ôl gorffen, trafodwch â'ch partner, yn Gymraeg, be' oedd y gwahaniaethau
rhwng y ddau ddarn, heb edrych ar y llyfr cwrs.

> *Read this passage. Your partner will read the other passage (on page 178).*
> *When you have finished, discuss with your partner, in Welsh, the differences*
> *between the two passages, without looking at the course book.*

Ddoe oedd y diwrnod gwaetha yn y gwaith erioed. Roedd y traffig yn ofnadwy ar y
ffordd i mewn, felly ro'n i'n hwyr. Mi gaeth y cyfarfod am ddeg o'r gloch ei ohirio. Mi
gaeth y cyfarfod arall am ddeuddeg ei symud. Yn anffodus, roedd tri o bobl wedi dŵad
i'r cyfarfod hwnnw, ac roedd rhaid i mi ymddiheuro. Mi ddylai Meirion fod wedi dweud
wrthyn nhw, ond arna i oedd y bai, wrth gwrs.

Mi wnes i ddweud i wrth y pennaeth y baswn
i'n hoffi cael diwrnod i ffwrdd ar y nawfed,
ond mi wnaeth o wrthod! Dw i'n mynd i
chwilio am swydd arall, dw i'n meddwl.

Geirfa

diwrnod i ffwrdd	- *day off*
gohirio	- *to postpone*
gwrthod	- *to refuse*
ymddiheuro	- *to apologise*

🙂🙂 29.2 Hoff bethau yn y gwaith

Gofynnwch i 6 person: Be' dach chi'n hoffi fwya am eich gwaith chi?
Rhaid ateb: Dw i wrth fy modd yn....

Enw	Beth

Rŵan efo'ch partner, siaradwch am y bobl yn yr holiadur,
e.e. **Mae John wrth ei fodd yn trefnu pethau.**

Atodiad y Gweithle - Sylfaen: Uned 30

uned**30**

 30.1 Siarad am 3 munud

Mewn grwpiau o 3, dewiswch un o'r testunau (*subjects*) yma (pawb yn y grŵp i ddewis testun gwahanol). Rhaid i chi siarad am y testun hwnnw am 3 munud wedyn.

A: Y peth gorau am weithio yma

B: Y peth gwaetha am weithio yma

C: Ar ôl i mi ymddeol...

Ch: Problemau traffig wrth deithio i'r gwaith

D: Mi faswn i'n mynd ar streic, tasai...

Dd: Cinio Nadolig y gwaith

E: Cwrs Cymraeg yn y gwaith

 30.2 Geirfa

Ar ddarn o bapur, ysgrifennwch yr eirfa sy'n berthnasol i'ch gwaith chi, yn Saesneg. Mi fydd eich tiwtor yn casglu'r papurau wedyn a'u rhoi fel prawf i rywun arall yn y dosbarth.

> *On a piece of paper, write the vocabulary relevant to your work, in English. Your tutor will then collect the pieces of paper and hand them to someone else as a test.*

30.3 Mastermind

Gofynnwch y cwestiynau yma i'ch gilydd:

Pryd dach chi'n cyrraedd y gwaith fel arfer?

Pryd dach chi'n gorffen?

Be' dach chi'n feddwl o'ch rheolwr llinell chi?

Lle oeddech chi'n gweithio yn 1995?

Lle oeddech chi'n gweithio yn 1985?

Pa fath o swyddfa sy gynnoch chi?

Sut mae dysgu Cymraeg wedi eich helpu chi yn y gwaith?

Partner 2

Darllenwch y darn yma. Mi fydd eich partner yn darllen y darn arall (ar dudalen 177). Ar ôl gorffen, trafodwch â'ch partner, yn Gymraeg, be' oedd y gwahaniaethau rhwng y ddau ddarn, heb edrych ar y llyfr cwrs.

> *Read this passage. Your partner will read the other passage (on page 177).*
> *When you have finished, discuss with your partner, in Welsh, the differences between the two passages, without looking at the course book.*

Ddoe oedd y diwrnod gwaetha yn y gwaith erioed. Roedd y tywydd yn ofnadwy ar y ffordd i mewn, felly ro'n i'n hwyr. Mi gaeth y cyfarfod am naw o'r gloch ei ohirio. Mi gaeth y cyfarfod arall am dri ei symud. Yn anffodus, roedd un person wedi dŵad i'r cyfarfod hwnnw, ac roedd rhaid i mi ymddiheuro. Mi ddylai'r pennaeth fod wedi dweud wrthyn nhw, ond arna i oedd y bai, wrth gwrs.

Mi wnes i ddweud wrth y swyddog y baswn i'n hoffi cael diwrnod i ffwrdd ar y degfed, ond mi wnaeth o wrthod! Dw i'n mynd i weithio mewn adran arall, dw i'n meddwl.

 Geirfa

diwrnod i ffwrdd	- *day off*
gohirio	- *to postpone*
gwrthod	- *to refuse*
ymddiheuro	- *to apologise*

Atodiad
i Rieni

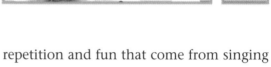

Adre efo'r plant – Nodyn i'r rhieni *At home with the children – A note for parents*

Here are a few ideas to help you
and your pre-school or reception class
children learn some Welsh together.

- Make it fun. Children learn by doing the
  things they enjoy. That means your child
  can learn Welsh by hearing and seeing
  the language as he or she takes part in
  enjoyable activities.

- Make it a part of your routine. Try to do
  some Welsh every day.

- Make sure you enjoy it too. Children are
  very good at sensing your mood. If you're
  having a bad day, it makes sense to wait
  for a calmer moment before tackling a
  new game or activity. Also, if your child
  is not well, tired or just not co-operating,
  wait for a better time.

- Be prepared to repeat the games and
  activities. Repetition is essential for language
  learning. Also, children enjoy repetition
  and it helps them gain confidence. As you
  work through the course, introducing new
  games, remember also to re-use activities
  from previous weeks. If you have the first
  book in this series, *Cwrs Mynediad*, you
  can also re-use those activities.

- Be prepared to sing! Even if you are
  convinced you are tone deaf, both you
  and your child will benefit from the

repetition and fun that come from singing
together. The rhythm of the songs helps
with the rhythm of spoken language and
the repetition helps you to remember.

- Be patient. Your child may respond to the
  games and activities in English, not say
  anything at all, or use the objects or pictures
  to play a completely different game. Don't
  worry. If your child responds in English,
  repeat his/her answers in Welsh. If he/she
  responds by taking part in the game but
  does not say anything, say the answers for
  him/her in Welsh. If a completely new
  game develops, stick with it, saying as
  much as you can in Welsh. **As long as
  your child is hearing and seeing Welsh
  while having a good time and enjoying
  your company, he/she will be learning.**

- Be confident. After all, if your child can
  speak English, you have already helped
  him/her to learn one language.

Please note

*The games and activities are numbered and
related to the associated units in the main part
of the course book, e.g. 3.1 is the first activity
related to* Uned 3.

Atodiad i Rieni - Sylfaen

1.1 Siarad am y plant

Cysylltwch yr ateb â'r cwestiwn:

Connect the answer to the question:

Be' ydy ei enw o/ei henw hi?	Mae o/hi'n hoffi chwarae lego.
Faint ydy ei oed o/ei hoed hi?	Mi gaeth o/hi Weetabix i frecwast heddiw.
Be' mae o/hi'n hoffi wneud?	Siôn/Rhian ydy ei enw o/ei henw hi.
Oes gynno fo/gynni hi hoff degan?	Ydy, mae o/hi'n mynd i Gylch Brynaber.
Be' gaeth o/hi i frecwast heddiw?	Mae o/hi'n dair oed.
Ydy o/hi'n mynd i'r cylch meithrin?	Do, mi gaeth o/hi amser da.
Pryd aeth o/hi i'r cylch ddiwetha?	Roedd y plant yn hapus.
Sut oedd y plant?	Oes, doli glwt ydy ei hoff degan o/hi.
Gaeth o/hi amser da?	Mi aeth o/hi i'r cylch ddoe.

Ar ôl ymarfer y cwestiynau a'r atebion efo'r tiwtor ac efo'ch partner, rhowch fanylion eich plentyn yn y golofn **Fy mhlentyn i** ac wedyn gofynnwch i dri o bobl yn y dosbarth am eu plant nhw a llenwi'r colofnau **Plentyn person 1**, **Plentyn person 2**, **Plentyn person 3**.

After practising the questions and answers with the tutor and with your partner, put your child's details in the **Fy mhlentyn i** *column and then ask three people in the class about their children to fill the* **Plentyn person 1**, **Plentyn person 2**, **Plentyn person 3** *columns.*

	Fy mhlentyn i	Plentyn person 1	Plentyn person 2	Plentyn person 3
Enw:				
Oed:				
Diddordebau:				
Hoff degan:				
Brecwast:				
Cylch Meithrin:				
Yn y Cylch ddiwetha:				
Plant:				
Amser da:				

Adre efo'r plant

Gwnewch lyfr o'r enw *Ffrindiau* efo'ch plentyn. Gwnewch dyllau mewn tri neu bedwar darn o bapur a rhoi cortyn neu ruban drwy'r tyllau i wneud llyfr. Helpwch eich plentyn i ludio ffotograff o un o'i ffrindiau ar bob tudalen. Ysgrifennwch ddwy neu dair brawddeg, fel y rhai ar dudalen 180, o dan bob ffotograff.

> *Make a book called* Ffrindiau *with your child. Make holes in three or four sheets of paper and put string or ribbon through the holes to make a book. Help your child to paste a photo of one of his/her friends onto each page. Write two or three sentences, like the ones on page 180, under each photo.*

Cofiwch ddefnyddio **llythrennau bach** bob tro dach chi'n ysgrifennu rhywbeth ar gyfer eich plentyn. Defnyddiwch briflythrennau ar ddechrau brawddeg neu enw.

> *Remember to use small letters every time you write something for your child. Use capital letters at the start of a sentence or name.*

1.2 Cwestiynau

Efo'ch partner, ceisiwch newid y geiriau sy mewn **llythrennau tywyll**, i chi gael defnyddio'r cwestiynau ar adegau eraill yn ystod y dydd.

> *With your partner, try changing the words in bold letters, so that you can use the questions at other times during the day.*

> Oes gen ti **hances boced**?
> Dach chi'n hoffi **sudd oren**?
> Ydy hi'n **iawn** rŵan?
> Oedd hi'n **chwarae efo ti**?
> Fydd hi'n **iawn fel hyn**?
> Ga i **helpu**?

 Adre efo'r plant

Meddyliwch am bedwar neu bum cwestiwn i'w gofyn i'ch plentyn bob dydd. I'ch helpu, mi fasech chi'n medru rhoi'r cwestiynau ar gardiau a'u gosod mewn llefydd addas o gwmpas y tŷ, e.e. **Wyt ti'n barod?** ar y drws ffrynt, i chi gofio ei ofyn cyn gadael y tŷ.

> *Think of four or five questions to ask your child every day. To help you, you could write the questions on cards and place them in suitable places around the house, e.g.* **Wyt ti'n barod?** *on the front door, so that you remember to ask before leaving the house.*

Byddwch yn amyneddgar. Mae'n bosib na fydd eich plentyn yn ateb y cwestiynau o gwbl, neu efallai y bydd o/hi'n ateb yn Saesneg. Os ydy hynny'n digwydd, dwedwch yr ateb Cymraeg eich hunan.

> *Be patient. It's possible your child won't answer the questions at all, or perhaps he/she will answer in English. If that happens, say the answer in Welsh yourself.*

1.3 Plentyn pwy?

Mi fydd y tiwtor yn casglu llyfrau pawb a'u hailddosbarthu fel bod pawb yn derbyn llyfr rhywun. Mi fydd pawb yn cymryd tro i ddefnyddio gwybodaeth o'r golofn **Fy mhlentyn i** ar dudalen 180, i ddisgrifio plentyn rhywun arall, e.e. Aled ydy o. Mae o'n ddwy oed …. Mi fydd aelodau eraill y dosbarth yn dyfalu plentyn pwy sy'n cael ei ddisgrifio.

The tutor will collect everybody's book and redistribute so that everyone receives someone else's book. Everyone in turn will use information from the **Fy mhlentyn i** *column in the grid on page 180 to describe someone else's child, e.g. Aled ydy o. Mae o'n ddwy oed … The other class members will guess whose child is being described.*

 Geirfa

doli glwt	-	*rag doll*
hances boced	-	*handkerchief*

*uned*2

2.1 Fy mhethau i, dy bethau di - Chwarae dis

My things, your things – Playing with dice

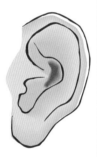

		Fi	**Ti**
1.	trwyn	fy nhrwyn i	dy drwyn di
2.	clust	fy nghlust i	dy glust di
3.	pen	fy mhen i	dy ben di
4.	braich	fy mraich i	dy fraich di
5.	gwallt	fy ngwallt i	dy wallt di
6.	dwylo	fy nwylo i	dy ddwylo di

Efo'ch partner, cymerwch dro i daflu dis i ddewis rhan o'r corff o'r rhestr uchod, e.e. 1. trwyn. Dwedwch 'Fy nhrwyn i, dy drwyn di' wrth bwyntio at eich trwyn chi ac wedyn at drwyn eich partner.

With your partner, take turns to throw a dice to choose a part of the body from the above list, e.g. 1. trwyn. Say 'Fy nhrwyn i, dy drwyn di', pointing to your own nose and then to your partner's nose.

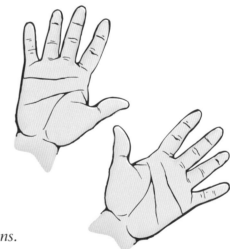

Ar ôl ychydig, rhowch ddarn o bapur dros y colofnau Fi a Ti a chwarae eto gan geisio cofio'r treigladau.

After a while, put a piece of paper over the Fi *and* Ti *columns and play again, trying to remember the mutations.*

Adre efo'r plant

Pan fydd eich plentyn yn y bath, rhowch hylif ewyn yn y dŵr. Cymerwch dipyn bach o ewyn ar eich bys a'i roi ar eich trwyn gan ddweud 'Fy nhrwyn i' ac wedyn rhoi tipyn bach ar drwyn eich plentyn gan ddweud 'Dy drwyn di'. Ailadroddwch gyda rhannau eraill yr wyneb a'r corff.

> *When your child is in the bath, put bubble liquid in the water. Take a little bit of foam on your finger and put it on your nose, saying* 'Fy nhrwyn i' *and then put a little bit on your child's nose saying* 'Dy drwyn di'. *Repeat with other parts of the face and body.*

**2.2 Ei bethau o,
ei phethau hi**

	ei _____ o	ei _____ hi
trwyn	ei drwyn o	ei thrwyn hi
clust	ei glust o	ei chlust hi
pen	ei ben o	ei phen hi
braich	ei fraich o	ei braich hi
gwallt	ei wallt o	ei gwallt hi
dwylo	ei ddwylo o	ei dwylo hi
llyfr	ei lyfr o	ei llyfr hi
mam	ei fam o	ei mam hi
rhieni	ei rieni o	ei rhieni hi

Partner A i ddweud 'ei wallt o'. Partner B i bwyntio at y rhan addas o'r lluniau. Ewch ymlaen i ymarfer pethau ar y ddwy restr dreigledig uchod, efo'r partneriaid yn cymryd tro i enwi rhywbeth a'r llall i bwyntio.

> *Partner A to say* 'ei wallt o'. *Partner B to point at a suitable part of the pictures. Go on to practise things on the two mutated lists above, with the partners in turns naming something and the other pointing.*

Defnyddiwch y termau yn y rhestrau uchod i labelu'r pethau perthnasol ar y lluniau.
> *Use the terms in the above lists to label the appropriate things on the pictures.*

Adre efo'r plant

Defnyddiwch y termau yma wrth dynnu lluniau, neu wrth chwarae efo'r doliau a'r tedis.

Use these terms as you draw pictures, or as you play with dolls and teddies.

2.3 Eich pethau chi

Efo'ch partner, llenwch y bylchau efo geiriau lluosog i greu chwe brawddeg fydd yn ddefnyddiol wrth chwilio am bethau neu dacluso'r tŷ efo'r plant i gyd.

With your partner, fill the gaps with plural words to create three sentences which will be useful as you look for things or tidy the house with all the children.

Lle mae eich cotiau chi?

Does dim treiglad – hwrê!

Lle mae eich _____ chi ?

Lle mae eich _____ chi ?

Ewch i nôl eich _____ chi.

Ewch i nôl eich _____ chi.

Rhowch eich _____ chi yn y _____

Rhowch eich _____ chi yn y _____

Cân

Tôn - 'Three Blind Mice'

Fy mhen i, fy mhen i
Dy ben di, dy ben di
A dyma grafu ein pennau ni
A dyma grafu ein pennau ni
Ein pennau ni.

Fy mol i, fy mol i
Dy fol di, dy fol di
A dyma grafu ein boliau ni
A dyma grafu ein boliau ni
Ein boliau ni.

Fy nghefn i, fy nghefn i
Dy gefn di, dy gefn di
A dyma grafu ein cefnau ni
A dyma grafu ein cefnau ni
Ein cefnau ni.

uned3

3.1 Ar ôl i ti...

Cysylltwch hanner brawddeg o'r golofn gynta â hanner brawddeg o'r ail golofn:

Connect half a sentence from the first column with half a sentence from the second column:

Ar ôl i ti fynd i'r tŷ bach...	wnest ti roi'r creons yn y bocs?
Ar ôl i ti ddŵad i mewn ...	wnest ti sychu dy ddwylo di?
Ar ôl i ti dynnu llun ...	wnest ti frwsio dy ddannedd di?
Ar ôl i ti chwarae efo'r blociau ...	wnest ti olchi dy ddwylo di?
Ar ôl i ti fwyta fferins ...	gest ti stori?
Ar ôl i ti chwarae yn y dŵr ...	wnest ti dynnu dy sgidiau di?
Ar ôl i ti gael anrheg ...	wnest ti chwarae yn yr iard?
Ar ôl i ti gyrraedd y Cylch ...	wnest ti dacluso?
Ar ôl i ti ganu ...	wnest ti ddweud 'diolch'?

Efo'ch partner, ymarferwch ddweud hanner brawddeg fel sbardun i'ch partner ddweud yr ail hanner. Ar ôl tipyn o ymarfer, rhowch ddarn o bapur dros yr ail golofn a cheisio cofio ail hanner pob brawddeg.

With your partner, practise saying half a sentence as a prompt for your partner to say the second half. After a bit of practice, put a piece of paper over the second column and try to remember the second half of each sentence.

 Adre efo'r plant

Ceisiwch ddefnyddio'r cwestiynau uchod efo'ch plant.

Try to use the above questions with your children.

3.2 Rhoi cyngor

Dyma be' wnaeth Aled ddoe. Meddyliwch am gyngor addas iddo fo ar gyfer heddiw neu yfory.

This is what Aled did yesterday. Think of suitable advice for him for today or tomorrow.

Problem	Cyngor
Mi wnaeth Aled ddechrau cerdded.	Rhaid iddo fo gael sgidiau.
Mi gaeth Aled ddant newydd.	_____
Mi wnaeth Aled ddringo'r grisiau.	_____
Mi wnaeth Aled godi am 4.30 yn y bore.	_____
Mi wnaeth Aled gwympo yn yr ardd.	_____
Mi gaeth Aled anrheg pen-blwydd.	_____
Mi wnaeth Aled ofyn am ddiod.	_____
Mi aeth Aled i'r pwll nofio.	_____

Yna newidiwch y brawddegau
i sôn am Anna yn lle Aled.
> *Then change the sentences*
> *to talk about Anna instead of Aled.*

Cân

Tôn - 'Twinkle, twinkle little star'

Wrth ganu, gwnewch
ystumiau addas.
> *As you sing, make*
> *suitable actions.*

I wneud tipyn bach mwy efo'r
gân dwedwch wrth y plant:
> *To do a little bit more with*
> *the song, say to the children:*

'Be' am ganu'n araf y tro yma?'
Wedyn, 'Be' am ganu'n gyflym?'
Neu, 'Be' am ganu'n hapus y tro 'ma?'
Ac wedyn, 'Be' am ganu'n drist?'

 Geirfa

cyrraedd	- *to arrive*
grisiau	- *stairs, steps*
iard	- *school yard*
tacluso	- *to tidy up*

Ar ôl codi, be' wnest ti?
Ar ôl codi, be' wnest ti?
Mi wnes i folchi yn y tŷ,
Mi wnes i folchi yn y tŷ,
Ar ôl codi, be' wnest ti
Efo mami yn y tŷ?

Ar ôl 'molchi, be' wnest ti?
Ar ôl 'molchi, be' wnest ti?
Mi wnes i wisgo yn y tŷ,
Mi wnes i wisgo yn y tŷ,
Ar ôl codi, be' wnest ti
Efo mami yn y tŷ?

Ar ôl gwisgo, be' wnest ti?
Ar ôl gwisgo, be' wnest ti?
Mi ges i frecwast mawr a braf,
Mi ges i frecwast mawr a braf,
Heddiw, dyna be' wnes i
Efo mami yn y tŷ.

*uned*4

4.1 Mae Siôn wedi …

1. Mi fydd eich tiwtor yn rhoi cerdyn i chi. Ar y cerdyn mae un o'r pethau mae
Siôn wedi wneud. Meimiwch be' sy ar y cerdyn ac mi fydd y dosbarth yn dyfalu.
Rhaid iddyn nhw ddweud yr holl frawddeg yn gywir.
> *The tutor will give you a card. On the card is one of the things Siôn has done. Mime*
> *what is on the card and the class will guess. They must say the whole sentence correctly.*

Mae Siôn wedi dechrau cerdded

2. Ar ôl i bawb gymryd tro, dwedwch wrth eich partner
am rai pethau mae eich plant chi'n gwneud ac ers pryd.
> *After everyone has taken a turn, tell your partner about some*
> *things your children do and how long they have been doing them.*

Mae Manon yn cysgu drwy'r nos ....   ers wythnos
                                      ers wythnosau
   ers mis
                                      ers misoedd
                                      ers blwyddyn

4.2 Dan ni wedi.....

Dach chi wedi _____?

Ydan, dan ni wedi _____

Nac ydan, dan ni ddim wedi _____

Ewch o gwmpas y dosbarth
a gofyn i bobl ydyn nhw
wedi gwneud y pethau
hyn efo'r plant yn ystod
yr wythnos ddiwetha:

*Go around the class asking
people whether they have
done these things with the
children during the past week:*

Enw	Siarad Cymraeg ✓ neu ✗	Tynnu lluniau ✓ neu ✗	Chwarae jig-sos ✓ neu ✗	Edrych ar lyfr ✓ neu ✗
1.				
2.				
3.				
4.				
5.				

4.3 Wyt ti wedi .....?

mynd i'r tŷ bach	yfed y llefrith i gyd	bwyta pob dim	gorffen
tacluso	rhoi'r llyfr yn y bag	gwisgo dy got di	nôl dy sgidiau di
golchi dy ddwylo di	tynnu dy sgidiau di	colli maneg	sychu dy ddwylo di
brwsio dy ddannedd di	cribo dy wallt di	cael digon	gwneud y jig-so

Marciwch bum peth ar y grid uchod. Dyna'r pethau dach chi wedi gwneud.
Efo'ch partner, gofynnwch bob yn ail i ddarganfod be' mae eich partner wedi wneud.

Mark five things on the above grid. Those are the things you have done.
Ask your partner questions to discover what he or she has done.

Wyt ti wedi _____?

Ydw, dw i wedi _____

Nac ydw, dw i ddim wedi _____

Geirfa

cropian	-	*to crawl*
llithren (b)	-	*slide*
maneg (menig) (b)	-	*glove(s)*

Adre efo'r plant

1. Defnyddiwch y cwestiynau uchod efo'r plant bob dydd.
   Use the above questions with the children every day.

2. Meddyliwch am ychydig o gwestiynau i'w gofyn bob nos cyn rhoi'r plant yn y gwely. Gofynnwch y cwestiynau'n chwareus a dweud yr atebion eich hun ar y dechrau. Efo digon o ymarfer, mi dddaw'r plant i ddisgwyl y cwestiynau fel rhan o'u defod mynd i'r gwely.
   Think of a few questions to ask every night before putting the children to bed. Ask the questions playfully and say the answers yourself to begin with. With enough practice, the children will come to expect the questions as part of their going to bed ritual.

   e.e.   Wyt ti wedi brwsio dy ddannedd di?
           Wyt ti wedi golchi dy ddwylo di?
           Wyt ti wedi gwisgo dy byjamas di?
           Wyt ti wedi cael stori?
           Wel, mewn i'r gwely â ti 'ta.

uned5

5.1 Dyfalu pwy

Ar ôl ymarfer defnyddio'r brawddegau ar ddechrau Uned 5 i ddisgrifio pobl, mi fydd y tiwtor yn rhoi llyfr plant neu gomic llawn lluniau i chi edrych arno efo'ch partner. Efo'ch partner ac yn eich tro, disgrifiwch un o gymeriadau'r llyfr ac mi fydd eich partner yn dyfalu pwy sy'n cael ei ddisgrifio.
   After practising describing people with the sentences at the beginning of Uned 5, *the tutor will give you and a partner a children's book or comic full of pictures. In turn, describe one of the book's characters and your partner will guess who is being described.*

 Adre efo'r plant
Chwaraewch yr un gêm efo'r plant. Gallai'r plentyn bwyntio bys at y lluniau os dydy o/hi ddim yn barod i siarad.
   Play the same game with the children. The child could point a finger at the pictures if he/she is not ready to speak.

5.2 Ein tŷ ni

Ar ôl ymarfer defnyddio'r brawddegau yn Uned 5 i siarad am y tŷ, ysgrifennwch bum brawddeg am eich tŷ chi (neu am eich tŷ delfrydol). Ewch o gwmpas y dosbarth a darllen eich brawddegau i bobl eraill i weld ydy rhywun arall wedi ysgrifennu'n union yr un peth.
   After practising using the sentences in Uned 5 *to talk about the house, write five sentences about your house (or about your ideal house). Go around the class and read your sentences to other people to see if someone else has written exactly the same thing.*

Adre efo'r plant

1. Efo'r plant, gwnewch lyfr lloffion o'r enw *Ein tŷ ni*. Gwnewch bum tudalen, un ar gyfer pob brawddeg y gwnaethoch chi ysgrifennu yn y dosbarth. Defnyddiwch ffotograffau, lluniau gan y plant, neu luniau wedi'u torri o gatalogau dodrefn a DIY i ddarlunio pob brawddeg.
   With the children, make a scrapbook called Ein tŷ ni. *Include five pages, one for each sentence you wrote in class. Use photos, pictures made by the children, or pictures cut from furniture and DIY catalogues to illustrate each sentence.*

2. Rhowch label ar ddrws pob ystafell yn y tŷ, e.e. y gegin, y lolfa, yr ystafell ymolchi, ystafell wely Mami a Dadi, ystafell wely Siôn. Cofiwch roi'r labeli yn ddigon isel i'r plant gael eu darllen, a chofiwch ddefnyddio llythrennau bach yn hytrach na phriflythrennau.
   Put a label on the door of every room in the house, e.g. y gegin, y lolfa, yr ystafell ymolchi, ystafell wely Mami a Dadi, ystafell wely Siôn. *Remember to put the labels low enough for the children to be able to read them, and remember to use small letters rather than capital letters.*

3. Efo'r plant, adeiladu tŷ lego neu ddefnyddio bocsys cardfwrdd wedi'u gludio wrth ei gilydd i wneud tŷ. Disgrifiwch y tŷ wrth i chi adeiladu. Efallai bydd angen y geiriau yma:
   With the children, build a lego house or use cardboard boxes glued together to make a house. Describe the house as you build. You may need these words:

	Geirfa	
lan lofft	-	*upstairs*
lawr llawr	-	*downstairs*
simnai	-	*chimney*
to	-	*roof*

 uned**6**

6.1 Oes 'na rywbeth yn bod ar ..... ?

Marciwch unrhyw bump o'r pethau isod. Mae 'na rywbeth yn bod ar y pump. Mi fydd eich partner yn gofyn cwestiynau er mwyn darganfod pa bethau dach chi wedi'u marcio.
   Mark any five of the things below. Something is wrong with the five things. Your partner will ask questions in order to discover which things you have marked.

tedi	y babi	Siôn	y plant
doli glwt	hi	nhw	Siân
ni	y gath	y car	ti
Gareth a Sarah	chi	y bwyd	fo

   Oes 'na rywbeth yn bod ar _____?
   Oes, mae 'na rywbeth yn bod ar _____
   Nac oes, does 'na ddim byd yn bod ar _____

6.2 Mae'n hen bryd

1. Efo'r tiwtor ac efo'r dosbarth, trafodwch ymatebion i'r problemau isod.
Dechreuwch bob ymateb efo 'Mae'n hen bryd....'

With the tutor and the class, discuss reponses to the problems below.
Start every response with 'Mae'n hen bryd...'

Mae'r babi'n crio drwy'r nos.

Mae'r plant yn edrych ar y teledu eto.

Mae Siôn yn bwyta llawer o fferins.

Mae'r plant yn ffraeo drwy'r amser.

Mae Siôn isio dysgu darllen.

Mae'r plant wedi blino.

Mae 'na baent ar ddwylo Siân.

Mae Siôn wedi taro Siân.

Mae Siân yn medru dringo allan o'r crud.

Mae'r plant isio dysgu nofio.

Dydy'r plant ddim isio bwyta llysiau.

2. Mae'r tiwtor wedi gwneud set o gardiau. Mae un o'r problemau uchod ar bob cerdyn.
Mi fydd y tiwtor yn rhoi un o'r cardiau i chi. Ewch o gwmpas y dosbarth a gofyn i bawb
am gyngor am y broblem ar y cerdyn.

The tutor has made a set of cards. One of the above
problems is on each card. The tutor will give you one
of the cards. Go around the class and ask everyone
for advice about the problem on the card.

Geirfa

crud	-	*cot, cradle*
ffraeo	-	*to quarrel*
llysiau	-	*vegetables*
taro	-	*to hit*

 Cân

Tôn – 'London Bridge
is Falling Down'

Be' sy'n bod arnat ti, arnat ti, arnat ti?
Be' sy'n bod arnat ti?
Poen yn y bol.

Be' sy'n bod arno fo, arno fo, arno fo?
Be' sy'n bod arno fo?
Cu-ur pen.

Be' sy'n bod arni hi, arni hi, arni hi?
Be' sy'n bod arni hi?
Wedi blino!

 Adre efo'r plant

Ceisiwch ddefnyddio iaith yr uned yma efo'ch plant neu wrth siarad am eich plant.
Try to use language from this unit with your children or to talk about your children.

uned7

7.1 Plant

1. Ar ôl ymarfer y brawddegau yn Uned 7, trafodwch
y plant yn y lluniau yma efo'ch partner.

> *After practising the sentences in Uned 7, discuss
> the children in these pictures with your partner.*

e.e.   Be' wyt ti'n feddwl o Sali?   *What do you think of Sali?*
        Dw i'n meddwl bod hi'n grac.   *I think she's angry.*

Defnyddiwch yr ansoddeiriau yma, neu rai eraill addas.

> *Use these adjectives, or others which are suitable.*

Marc   Sali

Catrin   Liam

hapus	iawn	trist	bywiog
tawel	swil	swnllyd	blin

Gemma   Shane   Nia   Gavin

2. Mi fydd eich partner yn smalio bod yn
un o'r plant yn y lluniau. Dyfalwch pa
un a dweud, er enghraifft:

> *Your partner will pretend to be one of the children in the pictures.*
> *Guess which one and say, for example:*

    Chi: Dw i'n meddwl fod ti'n swil.
    Partner: Ydw / Nac ydw.

Gweithiwch drwy'r lluniau i gyd bob yn ail â'ch partner.

> *Take turns to work through all the pictures.*

 Adre efo'r plant

Ceisiwch ddefnyddio'r iaith yn yr uned yma i siarad
â'r plant amdanyn nhw eu hunain ac am eu ffrindiau.

> *Try to use the language in this unit to talk to your children about themselves and their friends.*

Geirfa

bywiog	-	*lively*
swil	-	*shy*
swnllyd	-	*noisy*
crac	-	*angry*

7.2 Llyfrau

Mae'r tiwtor wedi dŵad â llyfrau plant i'r dosbarth. Efo'ch partner,
edrychwch ar y llyfrau a thrafod cymeriadau'r storïau.

> *The tutor has brought children's books to class. With your partner,*
> *look at the books and discuss the characters in the stories.*

                e.e. Dw i'n meddwl bod hi'n drist.

 **Adre efo'r plant**

Gwnewch yr un peth wrth ddarllen efo'r plant yn y tŷ.

> *Do the same thing when reading with the children at home.*

Atodiad i Rieni - Sylfaen: Uned 8

8.1 Sut mae'r plant wedi newid

Efo'ch partner, llenwch y grid yma efo unrhyw ymatebion posib.

With your partner, fill in this grid with any possible responses.

Pan oedd hi'n fabi...	Rŵan ....
Roedd hi'n deffro yn y nos.	_Mae hi'n cysgu drwy'r nos_
Roedd hi'n crio llawer.	
Roedd hi'n mynd allan yn y goets.	
Roedd hi'n gorwedd yn y bath.	
Roedd hi'n yfed llaeth/llefrith.	
Doedd gynni hi ddim gwallt.	
Doedd gynni hi ddim dannedd.	
Roedd hi'n gwisgo dillad babi.	
Doedd hi ddim yn gwisgo sgidiau.	
Roedd hi'n gwisgo cadach.	

Rŵan defnyddiwch rai o'r brawddegau uchod i ddweud wrth eich partner sut mae eich plentyn wedi newid.

Now use some of the above sentences to tell your partner how your child has changed.

Geirfa

cadach(au) - *nappy (nappies)*
coets(ys) (b) - *pram(s)*

Adre efo'r plant

Edrychwch ar ffotograffau a siarad efo'r plant amdanyn nhw. Mi fyddan nhw'n hoffi clywed sut oedden nhw pan oedden nhw'n fabis a hefyd mi fyddan nhw'n hoffi clywed amdanoch chi a'ch brodyr a'ch chwiorydd pan oeddech chi'n blant.

Look at photos and talk to the children about them. They will enjoy hearing how they were when they were babies and also hearing about you and your brothers and sisters when you were children.

8.2 Newydd gael babi

Dach chi'n mynd i siarad am bobl sy newydd gael babi cynta. Meddyliwch sut mae eu bywydau wedi newid. Ysgrifennwch un gair ym mhob bocs a thrafod â'ch partner.

You are going to talk about people who have just had a first baby. Think how their lives have changed. Write one word in each gap and discuss with your partner.

	Rŵan maen nhw'n ...	Cyn y babi roedden nhw'n ...
deffro:	_____	_____
bwyta:	_____	_____
yfed:	_____	_____
gyrru:	_____	_____
darllen:	_____	_____
edrych ar:	_____	_____
gwrando ar:	_____	_____
prynu dillad yn:	_____	_____
mynd ar wyliau i:	_____	_____
chwarae:	_____	_____

uned9

9.1 Be' sy orau gen ti?

Cwblhewch y brawddegau yma i wneud cwestiynau i'w gofyn i'ch plant:

Complete these sentences to make questions to ask your children:

Be' sy orau gen ti? _____ neu _____? (bwyd)

Be' sy orau gen ti? _____ neu _____? (diod)

Be' sy orau gen ti? _____ neu _____? (dillad)

Be' sy orau gen ti? _____ neu _____? (rhaglen deledu)

Be' sy orau gen ti? _____ neu _____? (fideo)

Be' sy orau gen ti? _____ neu _____? (llyfr)

Be' sy orau gen ti? _____ neu _____? (gêm)

Be' sy orau gen ti? Mynd i _____ neu fynd i _____? (trip)

Gofynnwch y cwestiynau i'ch partner. Ailadroddwch efo nifer o bartneriaid.

Efo'r partner ola, gofynnwch y cwestiynau o'r cof heb edrych ar y llyfr.

Ask your partner the questions. Repeat with a number of partners. With the last partner, ask the questions from memory without looking at the book.

Adre efo'r plant

Defnyddiwch y cwestiynau efo'ch plant.

Rhybudd – Peidiwch â chynnig dewis i'ch plant oni bai bod gynnoch chi ddigon o amser i aros am yr ymateb! Os dach chi am gynnig dewis iddyn nhw, cynigiwch ddewis rhwng dau beth fel yn y cwestiynau uchod, yn hytrach na dewis cwbl agored.

> *Warning – Don't offer your children a choice unless you have enough time to wait for the response! If you are going to offer them a choice, offer a choice between two things as in the above questions, rather than a completely open choice.*

9.2 Cas bethau a hoff bethau
Gan smalio bod yn un o'ch plant, cwblhewch y brawddegau yma:

> *Pretend you are one of your children and complete these sentences:*

Mae'n gas gen i _____

Dw i'n casáu _____

Dw i ddim yn hoffi _____

Fy nghas beth i ydy _____

Fy hoff fwyd i ydy _____

Fy hoff ddiod i ydy _____

Fy hoff lyfr i ydy _____

Fy hoff raglen i ydy _____

Dach chi'n dal i smalio bod yn un o'ch plant. Efo'ch partner, ymarferwch y cwestiynau yma a'r ymatebion uchod. Newidiwch bartneriaid nifer o weithiau.

> *You are still pretending to be one of your children. With your partner, practise these questions and the above responses. Change partners a number of times.*

Adre efo'r plant
Defnyddiwch y brawddegau uchod i wneud llyfr am gas a hoff bethau eich plentyn. Rhowch un frawddeg ar bob tudalen. Cofiwch ddefnyddio llythrennau bach yn hytrach na phriflythrennau. Defnyddiwch lythyren fras i ddechrau enw neu frawddeg. Gofynnwch i'ch plentyn dynnu llun i fynd efo pob brawddeg, neu gellwch dorri lluniau allan o gylchgronau.

> *Use the above sentences to make a book about the things your child loves and hates. Put one sentence on each page. Remember to use small letters rather than capital letters. Use a capital letter to start a name or a sentence. Ask your child to draw a picture to go with each sentence, or you can cut pictures out of magazines.*

Wythnos nesa
Os oes gan eich plant hoff lyfrau Cymraeg, ewch â nhw i'r wers nesa.

> *If your children have favourite Welsh books, take them to the next lesson.*

Cân

Tôn – 'The Grand Old Duke of York'

Os dach chi'n cynnig dewis i'ch
plentyn, e.e. beth i'w gael i de,
be' am ei gael i ganu'r ateb?
> *If you're offering your child
> a choice, e.g. what to have
> for tea, what about getting
> him or her to sing the answer?*

Mae'n well gen i gael sudd,
Mae'n well gen i gael sudd,
Mae'n well gen i gael sudd i de
Na dim byd yn ei le.

Mae'n well gen i gael ffrwyth,
Mae'n well gen i gael ffrwyth,
Mae'n well gen i gael ffrwyth i de
Na dim byd yn ei le.

Mae'n well gen i gael wy,
Mae'n well gen i gael wy,
Mae'n well gen i gael wy i de
Na dim byd yn ei le.

uned 10

10.1 Rhaglenni teledu

Cwblhewch y brawddegau yma:
> *Complete these sentences:*

Dw i'n meddwl bod *The Tweenies* yn _____

Dw i'n meddwl bod *Balamory* yn _____

Dw i'n meddwl bod *The Hoobs* yn _____

Ro'n i'n meddwl bod *Blue Peter* yn _____

Ro'n i'n meddwl bod *John Craven's Newsround* yn _____

Ro'n i'n meddwl bod *Neighbours* yn _____

Rŵan ewch o gwmpas y dosbarth yn darllen eich
rhestr chi i weld a oes rhywun arall o'r un farn â chi.
> *Now go round the class reading your list to
> see if there is anyone else of the same opinion.*

10.2 Hoff bethau'r plant

Gofynnwch i dri o bobl yn y dosbarth am hoff bethau eu plant.
> *Ask three people in the class about their children's favourite things.*

Be' ydy enw'r plentyn?

Be' ydy ei hoff fwyd o?

Be' ydy ei hoff ddiod o?

Be' ydy ei hoff degan hi?

Be' ydy ei hoff lyfr hi?

Atodiad i Rieni - Sylfaen: Unedau 9-10

	Person 1	Person 2	Person 3
enw'r plentyn			
hoff fwyd			
hoff ddiod			
hoff degan			
hoff lyfr			

10.3 Hoff lyfrau'r plant

Wythnos diwetha, gofynnodd y tiwtor i chi ddŵad â hoff lyfrau Cymraeg eich plant i'r dosbarth. Darllenwch y llyfrau i'ch partner. Newidiwch bartneriaid nifer o weithiau.

Last week, the tutor asked you to bring your children's favourite Welsh books to class. Read the books to your partner. Change partners a number of times.

Os dach chi'n hoffi rhai o'r llyfrau mae pobl eraill yn eu darllen, gwnewch nodyn o deitl ac awdur y llyfrau.

If you like some of the books other people are reading, make a note of the title and author of the books.

Adre efo'r plant

Ewch â'r plant i'r llyfrgell i chwilio am y llyfrau glywoch chi yn y dosbarth.

Take the children to the library to look for the books you heard in class.

uned **11**

11.1 Siarad am y plant

Ymarferwch (*practise*) y brawddegau yma efo'r tiwtor ac efo'ch partner.

> Mi gaeth John ei eni yn Ysbyty Caerffili.
> Mi gaeth o ei eni ym mis Ionawr.
> Mi gaeth o ei eni am 2.30 y bore.
> Mi gaeth o ei eni'n pwyso 8 pwys 6 owns.

> Mi gaeth Siân ei geni yn y tŷ.
> Mi gaeth hi ei geni ym mis Mawrth.
> Mi gaeth hi ei geni am 4 o'r gloch y prynhawn.
> Mi gaeth hi ei geni'n pwyso 7 pwys 4 owns.

Rŵan ysgrifennwch frawddegau tebyg am eich plant eich hun.

Plentyn 1

Mi gaeth _____

Mi gaeth _____

Mi gaeth _____

Mi gaeth _____

Plentyn 2

Mi gaeth _____

Mi gaeth _____

Mi gaeth _____

Mi gaeth _____

11.2 Lle mae'r plant?

Mi fydd y tiwtor yn rhoi darnau bach o bapur i chi. Ar bob darn o bapur
ysgrifennwch am un o'ch plant. Ysgrifennwch bedair brawddeg debyg i'r
rhai uchod am bob plentyn. Peidiwch â rhoi enw'r plentyn ar y papur. Dechreuwch
bob brawddeg efo 'Mi gaeth x ei eni...' neu 'Mi gaeth x ei geni...'

> *The tutor will give you small pieces of paper. On each piece of paper write about one of your
> children. Write four sentences similar to those above about each child. Don't put the child's
> name on the paper. Start each sentence with 'Mi gaeth x ei eni...' or 'Mi gaeth x ei geni...'*

Mi fydd y tiwtor yn casglu'r papurau a'u hailddosbarthu. Ewch o gwmpas y dosbarth
yn gofyn cwestiynau tebyg i'r rhai uchod, am y plant sy'n cael eu disgrifio ar y papurau,
nes i chi ddod o hyd i'ch plant eich hun.

> *The tutor will collect the papers and redistribute them. Go around the class asking
> questions similar to the above, about the children who are described on the papers, until
> you come across your own children.*

Adre efo'r plant

Defnyddiwch y brawddegau yn yr uned yma,
ynghyd â ffotograffau o'r plant pan oedden nhw'n
fabis, i wneud gludwaith. Rhowch y gludwaith
mewn ffrâm a'i roi ar y wal.

> *Use the sentences in this unit, together with photos
> of the children when they were babies, to make a collage.
> Put the collage in a frame and place it on the wall.*

Geirfa

owns	-	*ounce*
pwys	-	*pound (weight)*

uned 12

12.1 Newyddion yr ysgol neu'r cylch meithrin

Darllenwch yn uchel efo'ch partner.
Read aloud with your partner.

Mi gaeth **Dafydd** ei ddewis i **ganu** yn y cyngerdd.

Mi gaeth **Nia** ei dewis i **ddarllen** yn y gwasanaeth.

Mi gaeth y **plant** eu dewis i **actio** yn y sioe.

Mi gaeth **Dosbarth 6** eu hyfforddi i **chwarae pêl-droed**.

Mi gaeth **y plant bach** eu dysgu i **ganu cân newydd**.

Mi gaeth **Mrs Williams** ei **phenodi i'r swydd**.

Mi gaeth **yr ystafell ddosbarth** ei **pheintio** gan y rhieni.

Mi gaeth yr **iard** ei **thacluso** gan y plant.

Rŵan newidiwch y geiriau sy mewn llythrennau tywyll.
Now change the words in bold letters.

12.2 Amser stori

Efo'ch partner, aildrefnwch y brawddegau yma i wneud stori gyfarwydd.
With your partner, rearrange these sentences to make a familiar story.

Mi gaeth Jac ei dwyllo gan yr hen ddynes.

Mi gaeth y trysor ei ddwyn gan Jac.

Roedd mam Jac yn dlawd.

Mi gaeth Jac ei anfon i'r farchnad efo'r fuwch.

Mi gaeth y goeden ffa ei thorri i lawr.

Mi gaeth y fuwch ei gwerthu i'r hen ddynes am gwdyn o aur.

Mi gaeth y cawr ei ddeffro.

Mi gaeth y ffa eu taflu i'r ardd.

Mi fuodd Jac a'i fam fyw yn hapus am byth.

Ar ôl ymarfer y stori efo'r tiwtor ac efo'ch partner, gweithiwch efo'ch partner a cheisio dweud stori arall gan ddefnyddio llawer o frawddegau sy'n dechrau efo 'Mi gaeth', e.e. Sinderela.
After practising the story with the tutor and with your partner, work with your partner and try to tell another story using lots of sentences which start with 'Mi gaeth' e.g. Cinderella.

Adre efo'r plant

Weithiau, ar ôl darllen stori i'r plant, gofynnwch iddyn nhw be' ddigwyddodd. Helpwch nhw i gofio drwy ddweud brawddeg sy'n dechrau efo 'Mi gaeth' ond stopio a gadael iddyn nhw orffen y frawddeg, e.e. Mi gaeth Smot ei anfon i'r ...(ardd).

> *Sometimes, after reading the children a story, ask them what happened. Help them to remember by starting a sentence with 'Mi gaeth' but stopping and letting them finish the sentence, e.g. Mi gaeth Smot ei anfon i'r ...(ardd) (Smot was sent to the... (garden).*

Geirfa

am byth	- *for ever*
anfon	- *to send*
buwch (b)	- *cow*
cawr	- *giant*
coeden ffa (b)	- *beanstalk*
cwdyn o aur	- *bag of gold*
dwyn	- *to steal*
ffa	- *beans*
hen ddynes (b)	- *old woman*
penodi	- *to appoint*
plant bach	- *infants*
taflu	- *to throw*
tlawd	- *poor*
trysor	- *treasure*
twyllo	- *to cheat, to deceive*

uned 13

13.1 Gwrthod

Efo'ch partner, ysgrifennwch atebion i'r cwestiynau yma.
Dechreuwch efo 'Na chei' a rhowch reswm.

> *With your partner, write answers to these questions.*
> *Start with 'Na chei' and give a reason.*

e.e. Ga i **ddŵr**? Na chei, mae hi'n amser cysgu.

Ga i **chwarae**? _____

Ga i **fferins**? _____

Ga i **stori** arall? _____

Ga i fynd i **dŷ nain**? _____

Ga i wisgo **siwt Batman**? _____

Ar ôl rhannu eich atebion efo'r tiwtor a'r dosbarth, gweithiwch efo partner newydd. Ar lafar, newidiwch y geiriau sy mewn llythrennau tywyll a'r atebion. Newidiwch bartneriaid nifer o weithiau er mwyn cael syniadau newydd. Wedyn ewch nôl at y partner gwreiddiol. Caewch eich llyfrau a cheisio cofio'r cwestiynau gwreiddiol a'ch atebion.

> *After sharing your answers with the tutor and class, work with a new partner. Orally, change the words in bold and the answers. Change partners a number of times in order to get new ideas. Then return to your original partner. Close your books and try to remember the original questions and your answers.*

13.2 Llongau rhyfel / Battleships

Ticiwch wyth peth, a holi eich partner. / *Tick eight items, and ask your partner questions to find out what he/she will do.*

Wnei di…. ?   Gwnaf / Na wnaf

tacluso'r teganau	gwisgo dy got di	helpu dy frawd di	dŵad yma	mynd i'r tŷ bach rŵan
dŵad i mewn	gwrando arna i	gorffen dy laeth/ lefrith di	bwyta dy frecwast di	edrych ar y llyfr
eistedd wrth y bwrdd	rhoi'r cwpan ar y bwrdd	mynd i nôl dy esgidiau di	dal y pensil fel hyn	tynnu llun i mi
rhoi hwn yn dy fag di	cyfrif yr afalau	canu efo fi	gorffen y jig-so	rhoi sws i mi

Adre efo'r plant

Mae llawer o gwestiynau ac atebion yn yr uned yma. Ceisiwch eu defnyddio efo'ch plant. Yn aml iawn, mi fydd eich plant yn gofyn cwestiynau tebyg i'r rhain, ond yn Saesneg. Dwedwch y cwestiynau yn Gymraeg ar eu hôl nhw. Os ydych chi'n gofyn cwestiwn yn Gymraeg i'r plant, ac maen nhw'n ateb yn Saesneg, dwedwch yr ateb yn Gymraeg ar eu hôl nhw.

> *There are a lot of questions and answers in this unit. Try to use them with the children. Very often, your children will ask similar questions, but in English. Say the questions in Welsh after them. If you ask the children questions in Welsh, and they answer in English, repeat the answer in Welsh.*

Cân

Tôn –
'For He's a Jolly Good Fellow'

Wnei di ddarllen y stori?
Wnei di ddarllen y stori?
Wnei di ddarllen y stori?
Gwnaf, gwnaf, gwnaf.

Wnei di orffen y jig-so?
Wnei di orffen y jig-so?
Wnei di orffen y jig-so?
Gwnaf, gwnaf, gwnaf.

Wnei di fwyta dy swper?
Wnei di fwyta dy swper?
Wnei di fwyta dy swper?
Gwnaf, gwnaf, gwnaf.

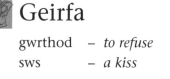

Geirfa		
gwrthod	–	*to refuse*
sws	–	*a kiss*

uned 14

14.1 Pwy sy 'na?

Mi fydd y tiwtor yn rhoi darn o bapur i bawb. Ar y papur ysgrifennwch enwau pump o deganau meddal neu ddoliau'r plant, e.e. Ted, Barbie etc. Rhowch y papur i'ch partner ac smalio dal un o'r teganau y tu ôl i'ch cefn. Mi fydd eich partner yn gofyn cwestiynau er mwyn darganfod pa degan dach chi'n smalio ei guddio.

The tutor will give everyone a piece of paper. On the paper write the names of five of the children's soft toys or dolls e.g. Ted, Barbie etc. Give your partner the paper and pretend to hold one of the toys behind your back. Your partner will ask questions in order to discover which toy you are pretending to hide.

A: Pwy sy 'na? (gan smalio cuddio tegan/*pretending to hide a toy*)

B: Ted sy 'na. (gan ddyfalu/*guessing*)

A: Naci.

B: Barbie sy 'na.

A: Ia.

Adre efo'r plant

Chwarae'r un gêm efo'r plant. Mae'n debyg y bydd yn rhaid gadael i'r plentyn guddio'r tegan ac mai chi fydd yn gofyn y cwestiynau. Ar ôl chwarae'r gêm sawl gwaith, ac ar wahanol adegau, cuddiwch degan eich hunan i weld a fydd y plentyn yn gofyn y cwestiynau i chi.

Play the same game with the children. You will probably have to let the child hide the toy and ask the questions yourself. After playing the game many times, and on different occasions, hide a toy yourself to see whether the child will ask you the questions.

14.2 Cyfrif

Mi fydd y tiwtor yn rhoi stribyn o bapur i bawb. Ar y papur, tynnwch luniau nifer o fisgedi (cylchoedd bach). Chi sy'n dewis faint. Unrhyw nifer rhwng un a deg.

The tutor will give everyone a strip of paper. On the paper, draw a number of biscuits (small circles). You choose how many. Any number between one and ten.

Ewch o gwmpas y dosbarth a gofyn:

Go around the class and ask:

A: Faint sy gen ti?

B: Pedwar sy gen i.

A: (gan rwygo un o'r cylchoedd o bapur Partner B/*tearing off one circle on Partner B's paper*) Dim ond tri sy gen ti rŵan.

Ailadroddwch o gwmpas y dosbarth.

Repeat around the class.

Adre efo'r plant

Cymerwch bob cyfle i gyfrif efo'r plant. Defnyddiwch sgwrs debyg i'r un uchod wrth i'r plant fwyta moron, bisgedi, fferins, darnau o oren ac ati, neu wrth chwarae siop.

> *Take every opportunity to count with the children. Use a similar conversation to the one above as the children eat carrots, biscuits, sweets, pieces of orange and so on, or when playing shop.*

14.3 Pwy sy biau hwn?

Mi fydd y tiwtor yn mynd o gwmpas yr ystafell yn gofyn i bawb roi ychydig o bethau bach mewn bag, e.e. beiro, pensil, goriad, maneg, crib. Mi fydd y tiwtor yn ailddosbarthu'r pethau. Ewch o gwmpas y dosbarth a cheisio dŵad o hyd i berchenogion y pethau roddodd y tiwtor i chi.

> *The tutor will go around the room asking everyone to put a few small things in a bag, e.g. biro, pencil, key, glove, comb. The tutor will redistribute the items. Go around the class and try to find the owners of the things the tutor gave you.*

A: Ti sy biau hwn?

B: Naci.

A: Ti sy biau hon?

B: Ia, fi sy biau hon.

 Adre efo'r plant

Ymarferwch y cwestiynau a'r atebion hyn wrth dacluso.

> *Practise these questions and answers as you tidy up.*

14.4 Rhywbeth sy'n dechrau efo ...

Efo'r tiwtor ac efo'ch partner, ymarferwch y gêm:

> *With the tutor and with your partner, practise the game:*

Dw i'n gweld efo fy llygad bach i, rhywbeth sy'n dechrau efo ....

Cofiwch ddefnyddio sŵn y llythyren, nid enw'r llythyren, e.e. a fel yn afal, nid a fel yn *game*.

> *Remember to use the sound of the letter, not the name of the letter e.g. a as in apple, not a as in game.*

 Adre efo'r plant

Chwaraewch yr un gêm.

Yr wythnos nesa, ewch ag ychydig o ffotograffau o'ch plant i'r dosbarth.

> ***Next week, take a few photos of your children to class.***

15.1 Edrych ar y ffotograffau

Yr wythnos diwetha, gofynnodd y tiwtor i chi ddŵad â ffotograffau o'ch plant i'r dosbarth. Efo'ch partner, edrychwch arnyn nhw a dweud ychydig am y plant. Newidiwch bartneriaid nifer o weithiau.

> *Last week, the tutor asked you to bring photos of the children to class. With your partner, look at the photos and say a little bit about the children. Change partners a number of times.*

Dechreuwch bob brawddeg efo 'Mi gaeth...', neu 'Lle gaeth...?' neu 'Pryd gaeth ...?'

15.2 Y diwrnod arferol

Efo'ch partner, meddyliwch am o leia un peth addas i'w ddweud wrth y plant ar yr adegau hyn:

> *With your partner, think of at least one suitable thing to say to the children at these times:*

- Amser brecwast
- Amser mynd i'r ysgol neu'r cylch meithrin
- Amser dŵad adre o'r ysgol neu'r cylch

- Amser te
- Amser bath
- Amser stori
- Amser gwely

Rhannwch eich syniadau efo'r tiwtor a'r dosbarth.

> *Share your ideas with the tutor and the class.*

Adre efo'r plant

Ceisiwch ddweud ychydig o bethau newydd wrth y plant yn ystod yr wythnos yma.

> *Try to say a few new things to the children during this week.*

15.3 Siarad am lyfrau

Mae'r tiwtor wedi dŵad â llyfrau plant i mewn i'r dosbarth. Darllenwch lyfr efo'ch partner ac wedyn gofynnwch gwestiynau i'ch gilydd am y stori. Dechreuwch y cwestiynau efo:

> *The tutor has brought children's books to class. Read a book with your partner and then ask each other questions about the story. Start the questions with:*

Be' sy'n ...?   Pwy oedd yn ...?
Pwy sy'n ...?   Be' fydd yn ...?
Be' oedd yn ...?   Pwy fydd yn ...?

Adre efo'r plant

Gofynnwch y cwestiynau uchod ar ôl darllen stori i'r plant.

> *Ask the above questions after reading the children a story.*

uned16

16.1 Gêm drac - Be' fyddi di'n wneud?

Fyddi di'n _____ heddiw?

Taflwch ddis i symud o gwmpas y trac.
Throw a dice to move around the track.

1, 3, 5 ar y dis = Bydda
2, 4, 6 ar y dis = Na fydda

Dechrau			
gwneud ymarfer corff →	mynd i nofio	bwyta brechdanau	siarad efo Siân
chwarae yn yr iard	paentio	cael stori ←	canu ↓
coginio →	dawnsio	tynnu llun	chwarae efo'r tywod
reidio beic	chwarae yn y tŷ bach twt	chwarae efo dŵr ←	bwyta ffrwythau ↓
Diwedd			

 Adre efo'r plant

Ceisiwch ddefnyddio'r cwestiynau yma ar y ffordd i'r ysgol neu'r cylch meithrin.
Try to use these questions on the way to school or to the nursery group.

16.2 Hanner tymor

Gofynnwch i'ch partner am y pethau y bydd o/hi'n wneud efo'r teulu yn ystod y gwyliau neu'r gwyliau hanner tymor nesa.
Ask your partner about the things he/she will be doing with the family during the next holiday or half term holiday.

Fyddwch chi'n _____?   Byddwn, mi fyddwn ni'n _____
Na fyddwn, fyddwn ni ddim yn _____

✓ neu ✗

mynd i nofio		chwarae yn yr ardd	
gwneud bisgedi		mynd i dŷ ffrindiau	
mynd i'r llyfrgell		mynd i'r traeth	
chwarae yn y parc		bwyta allan	
edrych ar fideos		mynd i dŷ Nain	
mynd am dro			

Rŵan mi fydd y tiwtor yn gofyn i chi ddweud wrth y dosbarth am y pethau
y bydd teulu eich partner yn wneud.

> *Now the tutor will ask you to tell the class about the things your partner's family will be doing.*

Mi fyddan nhw'n _____   Fyddan nhw ddim yn _____

Adre efo'r plant

Mae'n bwysig bod plant yn gweld sut mae oedolion yn defnyddio'r pethau maen
nhw'n ysgrifennu. Ar ddechrau wythnos o wyliau ysgol, ysgrifennwch amserlen ar
gyfer yr wythnos. Gofynnwch i'r plant dynnu lluniau i fynd efo'r gweithgareddau
ar yr amserlen. Rhowch yr amserlen a'r lluniau yn rhywle lle mae'r plant yn gallu eu
gweld, e.e. drws yr oergell. Bob dydd, dangoswch i'r plant eich bod chi'n darllen yr
amserlen i ddarganfod be' i'w wneud y diwrnod hwnnw.

> *It's important children see how adults use the things they write. At the start of a week*
> *of school holidays, write a timetable for the week. Ask the children to draw pictures to*
> *go with the activities on the timetable. Put the timetable and the pictures somewhere*
> *the children can see them, e.g. the fridge door. Every day, show the children you are*
> *reading the timetable to discover what to do that day.*

16.3 Nodyn i'r ysgol

1. Efo'r tiwtor ac efo'ch partner,
darllenwch y nodyn yma:
> *With the tutor and with your*
> *partner, read this note:*

2. Efo'ch partner, newidiwch y geiriau
sy mewn llythrennau tywyll.
> *With your partner, change*
> *the words in bold letters.*

3. Ewch o gwmpas y dosbarth a darllen
eich nodyn i bobl eraill. Oes 'na rywun
arall wedi ysgrifennu'r un peth â chi?
> *Go around the class and read your*
> *note to other people. Has someone*
> *else written the same thing as you?*

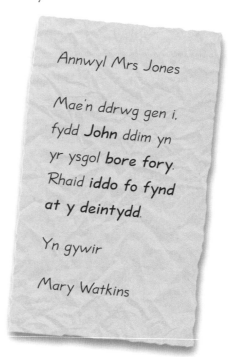

Annwyl Mrs Jones

Mae'n ddrwg gen i.
fydd **John** ddim yn
yr ysgol **bore fory**.
Rhaid **iddo fo fynd**
at y deintydd.

Yn gywir

Mary Watkins

 4. Caewch eich llyfr. Ceisiwch gofio'r nodyn a'i ysgrifennu ar ddarn o bapur.
> *Close your book. Try to remember the note and write it on a piece of paper.*

uned**17**

17.1 Bargeinio

1. Efo'ch partner, rhowch y geiriau yma yn y bylchau i wneud brawddegau addas ar gyfer yr achlysuron mewn cromfachau. Mae'r cyntaf wedi ei wneud i chi.

With your partner, put these words in the gaps to make sentences suitable for the occasions in brackets. The first has been done for you.

garej   rhan yma   botymau   rhan yna

dodrefn   coed   lasys   ceir   awyr   doliau

Mi wna i'r **coesau** os gwnei di'r **breichiau** (cael bath)

Mi wna i'r _____ os gwnei di'r _____ (gwisgo)

Mi wna i'r _____ os gwnei di'r _____ (tynnu llun)

Mi wna i'r _____ os gwnei di'r _____ (tacluso)

Mi wna i'r _____ os gwnei di'r _____ (gwneud jig-so)

Mi wna i'r _____ os gwnei di'r _____ (tŷ doliau)

2. Efo'ch partner, ymarferwch ddarllen y brawddegau. Wedyn, rhowch ddarn o bapur dros ail hanner y brawddegau a cheisio eu cofio. Yna caewch eich llyfrau a cheisio cofio'r brawddegau cyfan.

With your partner, practise reading the sentences. Then, put a piece of paper over the second half of the sentences and try to remember them. Next, close your books and try to remember whole sentences.

Adre efo'r plant

Ceisiwch ddefnyddio'r brawddegau yma efo'ch plant.

Try to use these sentences with your children.

Adre efo'r plant

Os dach chi isio dysgu iaith, mae'n bwysig meithrin y cof. Mi fydd hyn yn eich helpu chi a'r plant.

If you want to learn a language, it's important to nurture memory. This will help you and the children.

Cyn i chi wneud rhywbeth, esboniwch i'r plant:

Before you do something, explain to the children:

e.e. **Heddiw,**

mi wnawn ni gerdded i'r siop (take hold of one child's hand and walk your fingers across the palm)

mi wnawn ni brynu bwyd (pretending to take money from your pocket and placing it in the child's hand)

mi wnawn ni gerdded adre (walking your fingers on the child's palm again).

Yna gofynnwch i'r plant: **Be' wnawn ni?**

Mae'n debyg na chewch chi ddim ateb, ond ailadroddwch yr uchod. Os gwnewch chi hyn
yn aml, mae'n bosib y bydd y plant yn dechrau ateb. Unwaith y byddan nhw'n dechrau
cofio tri pheth, dechreuwch sôn am bedwar peth, ac wedyn pump, ac yn y blaen.

> *It's likely you won't get an answer, but repeat the above. If you do this often, it's possible
> the children will start to answer. Once they start to remember three things, start to talk
> about four things, then five, and so on.*

17.2 Trafod storïau

Meddyliwch am storïau dach chi wedi eu darllen efo'r plant. Rŵan dychmygwch stopio
darllen yng nghanol y stori er mwyn gofyn i'r plant ragweld be' ddigwyddiff nesa. Efo'ch
partner, llenwch y bylchau i wneud cwestiynau posib:

> *Think about stories you have read with the children. Now imagine stopping reading
> in the middle of the story in order to ask the children to forecast what will happen next.
> With your partner, fill in the gaps to make possible questions:*

e.e.   Be' wnân nhw os gwnân nhw weld crocodeil?

Be' wnân nhw os _____?
Be' wnân nhw os na _____?

Be' wnaiff hi os _____?
Be' wnaiff hi os na _____?

Be' wnaiff o os _____?
Be' wnaiff o os na _____?

Be' wnaiff yr anifeiliaid os _____?
Be' wnaiff yr anifeiliaid os na _____?

Mi fydd y tiwtor yn edrych ar eich brawddegau ac yn eu cywiro lle bo angen. Rŵan
ewch o gwmpas y dosbarth a darllen eich brawddegau i bobl eraill. Oes 'na rywun arall
wedi ysgrifennu'r un frawddeg â chi?

> *The tutor will look at your sentences and correct them where necessary. Now go around the class
> and read your sentences to other people. Has someone else written the same sentence as you?*

Adre efo'r plant

Mae siarad am stori wrth i chi ddarllen yn gwella dealltwriaeth y plant. Weithiau, wrth
ddarllen, stopiwch a gofyn cwestiynau tebyg i'r rhai uchod i'r plant. Mi gaiff y plant
ddyfalu be' ddigwyddiff nesa, neu gofio be' sy'n digwydd os yw'r stori'n gyfarwydd.

> *Talking about a story as you read improves the children's understanding. Sometimes, as you
> read, stop and ask the children questions similar to the above. The children may guess what
> happens next, or remember if the story is familiar.*

Cân

Tôn – 'Jingle Bells'

Be' wnawn ni? Be' wnawn ni ?
Heno yn y tŷ?
Mi gawn ni swper, un, dau, tri,
Heno yn y tŷ.

Be' wnawn ni? Be' wnawn ni?
Fory yn y tŷ?
Mi awn ni i chwarae, un, dau, tri
Fory yn y tŷ.

[yn araf / slowly]
Be' wnawn ni? Be' wnawn ni?
Yn y gwely bach?
Mi awn ni i gysgu, un, dau, tri
Yn y gwely bach.

Geirfa

botwm (botymau)	- *button(s)*
dodrefn	- *furniture*
lasys	- *laces*

uned 18

18.1 Amserlen yr wythnos

Penderfynwch pryd byddwch chi'n gwneud y pethau yma. Ysgrifennwch nhw ar yr amserlen.
Decide when you will do these things. Write them on the timetable.

> mynd i'r dosbarth dawnsio
> mynd i'r wers nofio
> mynd i'r clinig
> mynd i'r cylch Ti a Fi
> mynd i dŷ Taid
> glanhau'r tŷ
> gweithio yn yr ardd
> edrych ar y teledu
> mynd i'r gwaith

Yn y bylchau sydd ar ôl ysgrifennwch 'ymlacio'.
In the gaps which are left write 'ymlacio' (relax).

Chi	Llun	Mawrth	Mercher	Iau	Gwener
bore					
prynhawn					
nos					

Rŵan gofynnwch gwestiynau er mwyn llenwi amserlen eich partner.

Be' wnewch chi _____?
Pryd ewch chi _____?

Eich partner	Llun	Mawrth	Mercher	Iau	Gwener
bore					
prynhawn					
nos					

Adre efo'r plant

Ysgrifennwch amserlen yr wythnos a'i rhoi mewn lle amlwg, e.e. drws yr oergell. Gofynnwch i'r plant dynnu lluniau o'r gweithgareddau ar yr amserlen a rhoi'r lluniau o amgylch yr amserlen. Bob bore dangoswch i'r plant eich bod chi'n edrych ar yr amserlen i weld be' fydd yn digwydd.

> *Write a timetable for the week and put it in a prominent place, e.g. fridge door.*
> *Ask the children to draw pictures of the activities on the timetable and put the pictures around the timetable. Every morning show the children you are looking at the timetable to see what will be happening.*

18.2 Canlyniadau

Efo'ch partner, meddyliwch am ganlyniadau i'r sefyllfaoedd yma.
Dechreuwch eich ateb efo:

> *With your partner, think of consequences to these situations.*
> *Start your answer with:*

Mi gewch chi.../Mi gaiff o.../Mi ân nhw.../Mi ddaw hi... etc

Mae Dafydd yn cropian rŵan.
Mae Siân yn cnoi ei bysedd a chrio.
Mae'r plant yn mynd i Langrannog.
Dw i wedi prynu beic bach i Lowri.
Dan ni wedi gwahodd Nia i'r parti pen-blwydd.
Mae Dafydd yn ceisio dringo'r grisiau.
Mae Manon a Meleri yn ddwy a hanner rŵan.
Mae Lowri'n gallu nofio ar draws y pwll nofio.
Dan ni'n mynd ar wyliau i Ddinbych-y-pysgod.
Mae pen-blwydd yr efeilliaid ddydd Sadwrn nesa.

Geirfa

ceisio	- *to try*
clymu	- *to tie*
cnoi	- *to chew*
cropian	- *to crawl*
Dinbych -y-pysgod	- *Tenby*
efeilliaid	- *twins*
gwahodd	- *to invite*

19.1 Cysylltwch y brawddegau:

Join up the sentences:

Mi ddylet ti ddal	dy ddwylo rŵan.
Mi ddylet ti glymu	dy frawd bach.
Mi ddylet ti olchi	dy ffrind.
Ddylet ti ddim ysgrifennu ar	y pensil fel hyn.
Mi ddylet ti ofalu am	y dudalen rŵan.
Ddylet ti ddim taro	dy lasys fel hyn.
Mi ddylet ti gysgu	y waliau.
Mi ddylet ti droi	yn dy wely dy hun.

Ar ôl ymarfer y brawddegau efo'ch partner, rhowch ddarn o bapur dros yr ail golofn a cheisio cofio'r ail hanner. Wedyn symudwch y papur i'r golofn gyntaf a cheisio cofio'r hanner cyntaf. Yn olaf, rhowch y papur dros y brawddegau i gyd a cheisio eu cofio.

After practising the sentences with your partner, put a piece of paper over the second column and try to remember the second half. Then move the paper to the first column and try to remember the first half. Last of all, put the paper over all the sentences and try to remember them.

 Adre efo'r plant

Ceisiwch ddefnyddio'r brawddegau yma efo'r plant.

Try to use these sentences with the children.

19.2 Llongau rhyfel / Battleships

Ticiwch wyth peth, a holi eich partner.

e.e. Hoffet ti fynd i'r tŷ bach?   Hoffwn / Na hoffwn

sudd oren	chwarae yn yr ardd	cael stori	tynnu lluniau
mynd i'r tŷ bach	diod o ddŵr	edrych ar y fideo	gwrando ar y CD
cael help efo'r siswrn	chwarae efo'r trên	mynd i dŷ Nain	bwyta banana
helpu Dadi	siarad ar y ffôn	dawnsio	canu
chwarae efo'r ceir	ysgrifennu dy enw	cyfri'r afalau	darn o oren

Adre efo'r plant

Ceisiwch ddefnyddio'r cwestiynau yma efo'ch plant.

Try to use these questions with your children.

 Cân

Tôn – 'Rock a bye baby'

Hoffet ti chwarae efo dy ffrind?
Hoffet ti aros yma neu fynd?
Hoffet ti gyfri dim, un, dau, tri?
Hoffet ti ganu cân efo fi?

19.3 Ar ôl y Ffair

Dach chi wedi helpu i drefnu ffair yr ysgol neu'r cylch meithrin. Mi ddaeth llawer o bobl i'r ffair ond wnaethoch chi ddim llawer o bres. Wythnos ar ôl y ffair dach chi'n eistedd lawr i drafod efo'ch grŵp be' aeth o'i le a sut medrech chi wneud yn well y tro nesa. Rhaid i bawb yn y grŵp awgrymu rhywbeth. Dechreuwch efo....

You have helped to organise the school or nursery group's fair. A lot of people came to the fair but you didn't make very much money. A week after the fair you sit down to discuss with the group what went wrong and how you could do better next time. Everyone in the group has to contribute a suggestion. Start with …

Mi allwn i fod wedi…
Mi allen ni fod wedi…
Mi allai'r plant fod wedi…
Mi allai'r athrawon fod wedi…

Y tro nesa, mi allwn i…
Y tro nesa, mi allen ni…
Y tro nesa, mi allen nhw…

Allwn i… ?
Allen ni… ?
Allai'r plant… ?
Allen nhw… ?

Mi fydd y tiwtor yn gofyn i'r grŵp am eich syniadau.

The tutor will ask the group for your ideas.

uned20

20.1 Darllen stori

Mi fydd y tiwtor wedi dŵad â llyfrau plant i'r dosbarth. Darllenwch lyfr i'ch partner ond stopiwch cyn diwedd y stori. Gofynnwch gwestiynau i'ch partner am be' mae o/hi'n feddwl fydd yn digwydd nesa yn y stori.

> *The tutor will have brought children's books to class. Read a book to your partner but stop before the end of the story. Ask your partner questions about what he/she thinks will be happening next in the story.*

e.e.   Be' wnân nhw os ...?
        Be' wnaiff hi os ...?
        Be' wnaiff y plant os ...?

        Be' wnân nhw os na...?
        Be' wnaiff hi os na...?
        Be' wnaiff y plant os na...?

Be' wnân nhw os bydd y cawr yn deffro?
Mi wnân nhw redeg i ffwrdd a mynd i guddio.

Rŵan gorffennwch y stori i weld ydy'ch partner yn gywir neu beidio.

> *Now finish the story to see if your partner is correct or not.*

Adre efo'r plant

Gofynnwch gwestiynau tebyg i'r plant wrth ddarllen stori.

> *Ask the children similar questions when reading a story.*

20.2 Yr wythnos nesa

Penderfynwch pa ddiwrnod y byddwch chi yn y llefydd yma a'u hysgrifennu nhw ar yr amserlen. Holwch eich partner i weld pa ddiwrnod y bydd o/hi yn y llefydd yma.

> *Decide which day you will be in these places and write them on the timetable.*
> *Ask your partner questions to see which day he/she will be in these places.*

yn y cylch Ti a Fi
yn y pwll nofio
yn y llyfrgell
yn yr archfarchnad
yn y gwaith
yn y Ganolfan Hamdden
mewn parti pen-blwydd

Fyddi di ... dydd Llun?   Bydda / Na fydda

	Chi	Eich partner
Dydd Llun		
Dydd Mawrth		
Dydd Mercher		
Dydd Iau		
Dydd Gwener		
Dydd Sadwrn		
Dydd Sul		

20.3 Canlyniadau

Efo'ch partner, trafodwch be' yng ngholofn A
allai fod yn ganlyniad i rywbeth yng ngholofn B.

*With your partner, discuss what in column A
could be a consequence of something in column B.*

e.e. Mi wnaiff o syrthio os gwnaiff o redeg yn rhy gyflym.

 **Geirfa**

archfarchnad - *supermarket*

A	B
syrthio	mynd i'r ysgol
gwisgo twtw	mynd i'r gwely rŵan
dysgu darllen	gorffen y gwaith
gwisgo ffrog newydd	rhedeg yn rhy gyflym
cael stori	bod yn ddrwg
cael pwdin	mynd i'r dosbarth dawnsio
mynd i'r gwely'n gynnar	mynd i barti
edrych ar y teledu	bwyta'r llysiau i gyd

uned 21

21.1 Llongau rhyfel / Battleships

Faset ti'n …? Baswn/Na faswn

Ticiwch wyth peth, a holi eich partner.

tynnu'r llun fel hyn	bwyta'r oren i gyd	gwneud garej efo'r blociau	gorffen y jig-so
dewis y llyfr yma	paentio'r gwallt yn frown	helpu dy chwaer di	chwarae efo hwn fel hyn
gwneud dy wallt di fel hyn	dewis y stori yma	gwneud tŷ efo'r blociau	lliwio'r awyr yn las
gwisgo menig am dy draed	gwisgo esgidiau am dy glustiau	gwisgo het am dy drwyn	gwisgo cot fel hyn

 Adre efo'r plant

Ceisiwch ddefnyddio'r cwestiynau yma efo'r plant.
Try to use these questions with the children.

Yn y rhes ola mae pedwar cwestiwn am wisgo dillad. Mi fasech chi'n medru chwarae gêm efo'r plant yn smalio bod chi ddim yn gwybod sut mae gwisgo'r dillad yma. Wrth i chi baratoi i fynd allan, gwnewch sioe o geisio rhoi menig am eich traed a gofyn:

In the last row there are four questions about wearing clothes. You could play a game with the children, pretending you don't know how to wear these clothes. As you prepare to go out, make a show of trying to put gloves on your feet and ask:

'Faset ti'n gwisgo menig am dy draed?'   Atebwch eich hun/*Answer yourself*:
'Na faswn.'

'Faset ti'n gwisgo menig am dy glustiau?'
(gan geisio eu rhoi am eich clustiau/
    trying to put them on your ears)   'Na faswn.'
'Faset ti'n gwisgo menig am dy ddwylo?'
(gan wisgo'r menig/*putting the gloves on*)   'Baswn.'

21.2 Be' fasech chi'n wneud?

1. Trafodwch â'ch partner sut basech chi'n delio â phlentyn sy'n methu cysgu. Ceisiwch gytuno ar bump peth./*Discuss with your partner how you would deal with a child who can't sleep. Try to agree on five things.*

    1. Mi fasen ni'n _____

    2. Mi fasen ni'n _____

    3. Mi fasen ni'n _____

    4. Mi fasen ni'n _____

    5. Mi fasen ni'n _____

2. Ewch o gwmpas y dosbarth a darllen eich syniadau i bobl eraill. Oes 'na rywun arall efo'r un syniadau'n union?/*Go around the class and read your ideas to other people. Is there someone else with exactly the same ideas?*

3. Rŵan cyfnewidiwch lyfrau efo rhywun arall a dweud wrth y dosbarth am syniadau'r pâr arall.
    Now exchange books with someone else and tell the class about the other pair's ideas.

    Mi fasen nhw'n _____

    _____

Geirfa		
bresych	-	*cabbage*
ffa pob	-	*baked beans*
lliwio	-	*to colour*

21.3 Be' fasai'n well gan y plant wneud?

Efo'ch partner, atebwch y cwestiynau. Dilynwch y patrwm.
    With your partner, answer the questions. Follow the pattern.

Hoffen nhw fwyta bresych i de?	Mi fasai'n well gynnyn nhw fwyta ffa pob.
Hoffen nhw wisgo gwisg ysgol yfory?	_____
Hoffen nhw yfed dŵr yn y parti?	_____
Hoffen nhw wneud gwaith cartre heno?	_____
Hoffen nhw fynd i'r gwely'n gynnar heno?	_____
Hoffen nhw dacluso'r ystafell pnawn yma?	_____
Hoffen nhw fynd i siopa dydd Sadwrn?	_____
Hoffen nhw helpu i lanhau yn y gwyliau?	_____
Hoffen nhw edrych ar Newsnight heno?	_____

uned*22*

22.1 Mi faswn i'n..., tasai...

Ymarferwch y cwestiynau yma efo'r tiwtor ac efo'ch partner.
Practise these questions with the tutor and with your partner.

1. Be' fasai eich plentyn yn wisgo, tasai fo/hi'n mynd i barti gwisg ffansi?
2. Be' fasech chi'n brynu i de, tasai pen-blwydd eich plentyn heddiw?
3. Pa anrheg fasech chi'n brynu, tasai pen-blwydd eich plentyn heddiw?
4. Pa anrheg fasech chi'n brynu, tasai ffrind yn cael babi?
5. Pwy fasai'n gwarchod y plant, tasech chi'n cael noson allan?
6. Be' fasech chi'n wneud i helpu, tasai'r ysgol yn trefnu ffair?
7. Be' fasai eich plentyn yn ddweud, tasai fo/hi'n gweld Siôn Corn?
8. Pwy fasai eich plentyn yn wahodd, tasai fo/hi'n cael parti?

Rŵan mi fydd y tiwtor yn gofyn i chi gofio un o'r cwestiynau. Ewch o gwmpas y dosbarth yn gofyn y cwestiwn. Ar y diwedd, mi fydd y tiwtor yn gofyn am rai o'r atebion.
Now the tutor will ask you to remember one of the questions. Go around the class asking the question. At the end, the tutor will ask about some of the answers.

22.2   Bargeinio eto

Cysylltwch y brawddegau.
Join up the sentences.

Taset ti'n stopio crio	mi faswn i'n rhoi cinio i ti.
Taset ti'n mynd i'r gwely	mi faswn i'n ei roi o ar y wal.
Taset ti'n golchi dy ddwylo	mi fasai gynnon ni amser.
Taset ti'n gwisgo dy esgidiau	mi faswn i'n esbonio.
Taset ti'n brysio	mi faswn i'n rhoi diod i ti.
Taset ti'n eistedd ar y gadair	mi faset ti'n cael chwarae yn yr ardd.
Taset ti'n codi rŵan	mi faswn i'n darllen stori i ti.
Taset ti'n tynnu llun i mi	mi fasen ni'n cyrraedd mewn pryd.

Ar ôl ymarfer darllen y brawddegau efo'ch partner, rhowch ddarn o bapur dros yr ail golofn a cheisio ei chofio. Wedyn rhowch y papur dros y brawddegau i gyd a cheisio eu cofio.

After practising reading the sentences with your partner, put a piece of paper over the second column and try to remember it. Then put the paper over all the sentences and try to remember them.

 Adre efo'r plant

Ceisiwch ddefnyddio'r brawddegau yma efo'r plant.

Try to use these sentences with the children.

Cân

Tôn – 'Clementine'

 Geirfa

esbonio	-	*to explain*
gwarchod	-	*to baby-sit*
hedfan	-	*to fly*
mewn		
pryd	-	*in time*
trefnu	-	*to organise*

[yn hapus / *happily*]
Dw i mor hapus,
Dw i mor hapus,
Dw i mor hapus yn y tŷ,
Dw i mor hapus,
Fel yr enfys,
Un bach hapus iawn dw i.

[yn dawel / *quietly*]
Dw i mor dawel,
Dw i mor dawel,
Dw i mor dawel yn y tŷ,
Dw i mor dawel,
Fel yr awel,
Un bach tawel iawn dw i.

[yn swnllyd / *noisily*]
Dw i mor swnllyd,
Dw i mor swnllyd,
Dw i mor swnllyd yn y tŷ,
Dw i mor swnllyd,
Fel y cerbyd,
Un bach swnllyd iawn dw i.

[yn araf / *slowly*]
Dw i mor araf,
Dw i mor araf,
Dw i mor araf yn y tŷ,
Dw i mor araf,
Fel y gaeaf,
Un bach araf iawn dw i.

Y tro nesa – ewch â thri neu bedwar tegan medal i'r dosbarth.

Next time – take three or four soft toys to class.

uned 23

23.1 Disgrifio'r plant

Ar ôl ymarfer y brawddegau yn Uned 23 efo'r tiwtor ac efo'ch
partner, gofynnwch gwestiynau i aelodau'r dosbarth am eu plant.

>*After practising the sentences in* Uned 23 *with the tutor and with*
>*your partner, ask members of the class questions about their children.*

Be' ydy enw'r plentyn?   Pa mor drwm ydy _____?   Pa mor dal ydy _____?

Enw'r plentyn	Pa mor drwm	Pa mor dal

23.2 Dyfalu

Wythnos diwetha mi wnaeth y tiwtor ofyn i chi ddŵad â theganau i'r dosbarth. Rhowch
y teganau ar y bwrdd. Meddyliwch am dair neu bedair brawddeg i ddisgrifio un o'r teganau.
Mi fydd y tiwtor yn helpu. Wedyn dwedwch eich brawddegau wrth y dosbarth ac mi
fyddan nhw'n dyfalu pa degan sy'n cael ei ddisgrifio.

>*Last week the tutor asked you to bring toys to class.*
>*Put the toys on the table. Think about three or four*
>*sentences to describe one of the toys. The tutor will*
>*help. Then tell the class your sentences and they*
>*will guess which toy is being described.*

Adre efo'r plant
Chwaraewch yr un gêm.
Play the same game.

23.3 Pa mor bell?

Yn eich tro, gofynnwch i'ch partner fesur pa mor bell i ffwrdd ydy rhywbeth yn yr ystafell
oddi wrth rywbeth arall. Mi gewch chi ddefnyddio hyd eich traed fel uned fesur. Rhowch
un droed yn union o flaen y llall ac wedyn symud y droed ôl i'r blaen. Ailadroddwch gan
gyfrif faint o gamau dach chi'n eu cymryd. Ar ôl ymarfer ychydig, ceisiwch ddyfalu pa
mor bell ydy rhywbeth cyn mesur.

>*Take turns to ask your partner to measure how far away something in the room is from*
>*something else. You can use the length of your feet as a unit of measurement. Put one foot*
>*exactly in front of the other and then move the back*
>*foot to the front. Repeat, counting how many steps*
>*you are taking. After practising a little, try to guess*
>*how far something is before measuring the distance.*

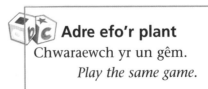

Adre efo'r plant
Chwaraewch yr un gêm.
Play the same game.

e.e. Pa mor bell ydy'r drws o'r ffenestr? Saith cam.

uned24

24.1 Cymharu'r plant

Ar ôl ymarfer y brawddegau yn Uned 24 efo'r tiwtor ac efo'ch partner,
ewch o gwmpas y dosbarth a gofyn cwestiynau am blant aelodau'r dosbarth.

> *After practising the sentences in* Uned 24 *with the tutor and with your partner,*
> *go around the class and ask questions about class members' children.*

A: Be' ydy enw eich plentyn?

B: Siôn ydy ei enw o.

A: Pa mor dal ydy o?

B: Mae o tua dwy droedfedd a chwe modfedd/tua saith deg pump centimetr.

A: Dydy o ddim mor dal/mor fyr â fy mhlentyn i.

24.2 Mor bell â…

Yn eich tro, holwch eich partner am ddau wrthrych yn yr ystafell.
Defnyddiwch eich traed i fesur y pellter o'ch cadair. (gw. Uned 23).

> *Take turns to ask your partner about two objects in the room.*
> *Use your feet to measure the distance from your chair (see* Uned 23*).*

> e.e. Ydy'r bwrdd gwyn mor bell â'r bin sbwriel? Ydy / Nac ydy

 Adre efo'r plant

Chwaraewch yr un gêm.

> *Play the same game.*

24.3 Cymharu eich plant eich hun

Os oes gynnoch chi fwy nag un plentyn, cymharwch nhw. Os na, cymharwch
eich plentyn ag un o'i ffrindiau. Dwedwch ym mha ffordd mae'r plant yn debyg.

> *If you have more than one child, compare them. If not, compare your child to*
> *one of his/her friends. Say in what way the children are alike.*

Maen nhw mor _____ â'i gilydd.

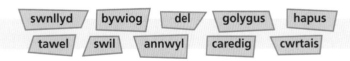

swnllyd bywiog del golygus hapus

tawel swil annwyl caredig cwrtais

Y tro nesa – ewch â ffotograffau
o'ch plant a'u ffrindiau i'r dosbarth.

> *Next time – take photos of your*
> *children and their friends to class.*

 Geirfa

annwyl - *sweet, loveable*

cwrtais - *polite*

uned 25

25.1 Rhoi cyngor

1. Efo'r tiwtor ac efo'ch partner, darllenwch am y problemau:
With the tutor and with your partner, read about the problems:

> Mae'r babi'n crio trwy'r nos.
> Mae Dewi'n ceisio dringo'r grisiau trwy'r amser.
> Mae Rhian yn ysgrifennu ar y waliau.
> Mae Gareth yn gwrthod bwyta llysiau.
> Mae Manon yn gwrthod mynd i'r gwely.
> Mae'r babi'n tynnu gwallt y plant eraill.
> Dydy Lisa ddim yn hoffi golchi ei gwallt.
> Dydy Ben ddim yn hoffi ymolchi.

Efo'ch partner, trafodwch pa gyngor y basech chi'n roi i rieni'r plant yma.
With your partner, discuss what advice you would give the parents of these children.

> Mi faswn i'n rhoi dymi i'r babi.
> Mi faswn i'n ffonio Taid a Nain.

2. Rŵan mae'r tiwtor yn mynd i roi cardyn i chi efo un o'r problemau uchod arno fo. Ewch o gwmpas y dosbarth yn esbonio eich problem a gwrando ar broblemau pobl eraill er mwyn derbyn a rhoi cyngor. Dechreuwch efo:
Now the tutor is going to give you a card with one of the above problems written on it. Go around the class explaining your problem and listening to other people's problems in order to receive and give advice. Start with:

> Taswn i yn dy le di, mi faswn i'n …

3. Ar y diwedd mi fydd y tiwtor yn gofyn i chi pa gyngor roeddech chi'n hoffi.
At the end the tutor will ask you what advice you liked.

> Ro'n i'n hoffi cyngor Jackie. Mi wnaeth Jackie ddweud basai hi'n …

25.2 Edrych ar y ffotograffau
Wythnos diwetha, mi wnaeth y tiwtor ofyn i chi ddwad â ffotograffau o'r plant a'u ffrindiau i'r dosbarth. Edrychwch ar ffotograffau eich partner a holi am y plant:
Last week, the tutor asked you to bring photos of the children and their friends to class. Look at your partner's photos and ask about the children:

> Pa mor hen ydy o/hi?
> Pa mor dal ydy o/hi?
> Pa mor drwm ydy o/hi?

Os dach chi ddim yn sicr o'r ateb, dwedwch:

If you're not certain of the answer, say:

Mi faswn i'n dweud bod hi'n.....

Mi faswn i'n dweud fod o'n......

25.3 Cwestiynau

Efo'ch partner, gwnewch restr o ddeg cwestiwn y gallech chi eu gofyn i'r plant.

With your partner, make a list of ten questions you could ask your children.

 Adre efo'r plant

Ceisiwch ddefnyddio'r cwestiynau yma efo'r plant.

Try to use these questions with the children.

25.4 Rhoi cynnig ar rywbeth newydd

Trying out something new

Efo'ch partner, edrychwch nôl trwy'r llyfr ar yr adrannau 'Adre efo'r plant'. Dwedwch wrth eich partner pa rai dach chi wedi eu defnyddio efo'ch plant. Dewiswch un o'r rhai dach chi ddim wedi defnyddio eto i'w wneud yr wythnos yma. Gwnewch nodyn o rif y dudalen.

With your partner, look back through the book at the 'Adre efo'r plant' sections.
Tell your partner which ones you have used with your children. Choose one of
those you haven't used yet to do this week. Make a note of the page number.

Yr wythnos yma mi fydda i'n edrych eto ar dudalen ...

This week I will look again at page ...

uned26

26.1 Cymharu'r plant

Newidiwch yr enwau yn y brawddegau yma er mwyn gwneud brawddegau am eich plant eich hun. Cymharwch eich plant â'i gilydd neu â'u ffrindiau. Darllenwch y brawddegau i'ch partner a newid partneriaid nifer o weithiau.

Change the names in these
sentences to make sentences about
your own children. Compare your
children with each other, or with
their friends. Read the sentences
to your partner and change
partners a number of times.

Mae Mari yn hŷn na Lisa.

Mae Jo yn ifancach na Rhys.

Mae Susan yn dalach na Rhian.

Mae Ben yn fwy digri nag Andrew.

Mae Jo yn dda iawn am gysgu trwy'r nos.

Mae Susan yn dda am fynd i'r gwely'n gynnar.

Mae Ben yn dda am gerdded.

Rŵan ewch nôl at eich partner gwreiddiol, caewch eich
llyfrau a cheisio cofio rhai o'r brawddegau am eich plant.

Now go back to your original partner, close your books and
try to remember some of the sentences about your children.

26.2 Mwy a llai

Efo'ch partner, edrychwch o gwmpas yr ystafell a chymryd tro i gymharu eich hunan
â gwrthrychau yn yr ystafell, e.e. 'Dw i'n llai na'r drws' neu 'Dw i'n fwy na'r bin sbwriel'.

With your partner, look around the room taking turns to compare yourself with objects
in the room, e.g. 'Dw i'n llai na'r drws' or 'Dw i'n fwy na'r bin sbwriel'.

 Adre efo'r plant

1. Gwnewch yr un peth efo'r plant ond mi fydd yn rhaid i chi fynd at y gwrthrychau i
ddangos i'r plant eich bod chi'n mesur eich hunain yn eu herbyn. 'Edrych, dw i'n llai
na'r drws ac rwyt ti'n llai na'r drws.' 'Wyt ti'n fwy na Tedi?'
   Do the same thing with the children but you will have to go to the objects to show the
   children you are measuring yourself against them. 'Edrych, dw i'n llai na'r drws ac
   rwyt ti'n llai na'r drws.' 'Wyt ti'n fwy na Tedi?'

2. Cyn i chi roi'r dillad yn y peiriant golchi, rhowch y dillad i gyd ar y llawr. Codwch
rywbeth - e.e. blows - a gofyn i'ch plentyn, 'Be' sy'n fwy na'r flows?' Neu codwch
siwmper a gofyn, 'Be' sy'n llai na'r siwmper?' Helpwch y plentyn i ddŵad o hyd
i rywbeth addas – 'Edrych, mae'r tywel yn fwy na'r flows.'
   Before you put the clothes in the washing machine, put all the clothes on the floor. Pick
   something up - e.g. a blouse - and ask your child, 'Be' sy'n fwy na'r flows?' or pick up
   a jumper and ask, 'Be' sy'n llai na'r siwmper?' Help the child to find something suitable –
   'Edrych, mae'r tywel yn fwy na'r flows.'

3. Dangoswch ddau ddarn o fara i'r plant. Dangoswch mai'r un maint yw'r ddau
ddarn. Gadewch un darn ar y bwrdd a rhoi'r darn arall yn y peiriant tost. Pan fydd
y tost yn barod, rhowch o ar ben y darn o fara sy heb ei dostio. Ydy o'n fwy neu'n llai?
   Show the children two pieces of bread. Show them the two pieces are the same size. Leave
   one piece on the table and put the other in the toaster. When the toast is ready, put it on
   top of the piece of bread which hasn't been toasted. Is it larger or smaller?

26.3 Cymharu teganau

Efo'ch partner gwnewch restr o'r teganau sy'n boblogaidd ar hyn o bryd. Ceisiwch
feddwl am o leia chwe thegan neu gêm gan gynnwys hen ffefrynnau fel tedis a beiciau.

With your partner make a list of the toys which are currently popular. Try to think of
at least six toys or games including old favourites like teddies and bikes.

Cymharwch ddau degan ar y tro. Dwedwch bethau fel:
Compare two toys at a time. Say things like:

mwy lliwgar	*more colourful*
mwy diddorol	*more interesting*
mwy blewog	*more hairy/furry*
mwy swnllyd	*more noisy*
llai lliwgar	*less colourful*
llai diddorol	*less interesting*
llai blewog	*less hairy/furry*
llai swnllyd	*less noisy*

e.e.   Mae Barbie yn llai blewog na'r tedi.

 Adre efo'r plant

Ceisiwch ddefnyddio'r brawddegau yma efo'ch plant.
Try to use these sentences with your children.

Y tro nesa – ewch ag ychydig o deganau meddal i'r dosbarth.
Next time – take a few soft toys to class.

uned**27**

27.1 Cymharu pecynnau

Mae'r tiwtor wedi dŵad â llawer o becynnau bwyd a thuniau i'r dosbarth. Maen nhw i gyd ar y bwrdd. Efo'ch partner, edrychwch ar y pecynnau a'r tuniau a thrafod:
The tutor has brought a lot of food packets and tins to class. They are all on the table. With your partner, look at the packets and tins and discuss:

Pa un ydy'r lleia?
Pa un ydy'r mwya?
Pa un ydy'r mwya lliwgar?
Pa un ydy'r lleia lliwgar?

Wedyn mi fydd y tiwtor yn gofyn i bawb ddyfalu:
Then the tutor will ask everyone to guess:

Pa un ydy'r tryma? (*heaviest*)
Pa un ydy'r ysgafna ? (*lightest*)

Ar ôl gwrando ar farn pawb mi fydd cyfle i chi godi'r pecynnau a'r tuniau er mwyn darganfod pwy oedd yn gywir. Os oes anghytuno, y tiwtor sy'n penderfynu!
After listening to everyone's opinion you will be able to pick up the packets and tins to discover who was correct. If there is disagreement, the tutor decides!

Adre efo'r plant

Gwnewch yr un peth efo'ch plant. Yn aml iawn mi fydd plant yn meddwl bod rhaid
i rywbeth mawr fod yn drwm. Mae'n dda os oes modd dangos iddyn nhw bod hynny'n
anghywir weithiau.

> *Do the same thing with the children. Very often children think something large*
> *must be heavy. It's good if you can show them this is not always the case.*

27.2 Cymharu teganau meddal

Wythnos diwetha mi wnaeth y tiwtor ofyn i chi ddŵad ag ychydig o deganau meddal i'r
dosbarth. Gweithiwch mewn grwpiau bach o dri neu bedwar. Rhowch eich teganau ar
y llawr o'ch blaen chi. Yn eich tro, dewiswch un o deganau'r grŵp a dweud rhywbeth
amdano. Mi fydd y bobl eraill yn y grŵp yn dyfalu pa degan dach chi'n siarad amdano.

> *Last week the tutor asked you to bring a few soft toys to class. Work in small groups of*
> *three or four. Put your toys on the floor in front of you. Take turns to choose one of the*
> *group's toys and say something about it. The other people in the group will guess which*
> *toy you are talking about.*

A: Dw i'n meddwl am y tegan mwya blewog.

B: Wyt ti'n meddwl am y tedi yma?

A: Nac ydw.

C: Wyt ti'n meddwl am y mwnci yma?

A: Ydw.

Defnyddiwch:

> *mwya, lleia, mwya lliwgar, lleia lliwgar, mwya blewog,*
> *lleia blewog, mwya annwyl, lleia annwyl*

 Adre efo'r plant

Chwaraewch yr un gêm efo'r plant, ond
gadael iddyn nhw bwyntio at y teganau
os dyn nhw ddim yn barod i ddweud ateb.

> *Play the same game with the children,*
> *but let them point to the toys if they*
> *are not ready to answer.*

 Cân

Tôn: 'London's Burning'

[gan wneud ystumiau / *with gestures!*]

Fi ydy'r lleia, Fi ydy'r lleia,
Yn y tŷ, Yn y tŷ,
Dw i'n siŵr, Dw i'n siŵr!
Fi ydy'r lleia, Fi ydy'r lleia.

Fi ydy'r mwya, Fi ydy'r mwya,
Yn y tŷ, Yn y tŷ,
Dw i'n siŵr, Dw i'n siŵr!
Fi ydy'r mwya, Fi ydy'r mwya.

Fi ydy'r tewa, etc.
Fi ydy'r gorau, etc.

uned28

28.1 Trafod y plant

wythnos	mis	blwyddyn
dwy wythnos	dau fis	dwy flynedd
tair wythnos	tri mis	tair blynedd
pedair wythnos	pedwar mis	pedair blynedd
pum wythnos	pum mis	pum mlynedd
chwe wythnos	chwe mis	chwe blynedd

Gofynnwch i'ch partner ers faint mae'r plant yn gwneud y pethau yma:

Ask your partner how long (since when) the children have been doing these things:

sefyll, cerdded, siarad, cysgu trwy'r nos, mynd i'r cylch meithrin

A: Be' ydy enwau eich plant?

B: Jac a Lucy.

A: Ers pryd mae Jac yn cerdded?

B: Ers chwe mis.

28.2 Penblwyddi

Ewch o gwmpas y dosbarth a holi am ben-blwyddi plant aelodau'r dosbarth.

Go around the class and ask the other members about their children's birthdays.

Be' ydy dy enw di?
Be' ydy enwau dy blant di?
Pryd mae eu penblwyddi nhw?

Enw	Enwau'r plant	Penblwyddi'r plant
1.		
2.		
3.		
4.		
5.		

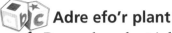 **Adre efo'r plant**

1. Dysgwch y plant i ddweud pryd mae eu penblwyddi.
Teach the children to say when their birthdays are.

Mae fy mhen-blwydd i ar y ....

2. Bob dydd dwedwch wrth y plant 'Y dyddiad heddiw ydy y ...' gan ysgrifennu'r dyddiad ar ddarn o bapur a'i roi mewn lle amlwg. Os oes gynnoch chi lythrennau a rhifau magnetig, defnyddiwch nhw i ysgrifennu'r dyddiad ar ddrws yr oergell.
Every day say to the children 'Y dyddiad heddiw ydy y ...' as you write the date on a piece of paper and put it in a prominent place. If you have magnetic letters and numbers, use them to write the date on the fridge door.

uned 29

29.1 Llongau rhyfel / Battleships - y bag teimlo
Ticiwch wyth peth, a holi eich partner.

A: Deimlaist ti'r llew?
B: Naddo, theimlais i mo'r llew.
A: Deimlaist ti'r arth?
B: Do, mi deimlais i'r arth.

 **Geirfa**

arth	-	*bear*
blaidd	-	*wolf*
llew	-	*lion*
morlo	-	*seal*
neidr	-	*snake*

llew	teigr	arth	eliffant
pengwin	mwnci	crocodeil	hipo
rhinoseros	sebra	morlo	neidr
parot	orang-wtang	blaidd	jiráff

Adre efo'r plant

Mi fydd angen cas gobennydd ynghyd â set o anifeiliaid y sw neu anifeiliaid y fferm. Chwaraewch efo pedwar neu bump anifail ar y tro. Dangoswch nhw i'r plentyn a dweud yr enwau. Gofynnwch i'r plentyn guddio un o'r anifeiliaid yn y cas gobennydd heb i chi weld. Rhowch eich llaw yn y cas gobennydd a theimlo'r anifail.
You will need a pillowcase together with a set of zoo animals or farm animals. Play with four or five animals at a time. Show them to the child and say the names. Ask the child to hide one of the animals in the pillowcase without you seeing. Put your hand in the pillowcase and feel the animal.

Theimlais i mo'r llew.

Theimlais i mo'r eliffant.

Theimlais i mo'r hipo.

Theimlais i mo'r parot.

Mi deimlais i'r pengwin.

Gofynnwch i'r plentyn dynnu'r anifail allan o'r cas gobennydd.
Ask the child to pull the animal out of the pillowcase.

Do, mi deimlais i'r pengwin!

Os dydy'r plentyn ddim yn dechrau dweud y brawddegau
yma, o leia mi fydd o/hi'n dysgu enwau'r anifeiliaid.
*If the child doesn't start to say these sentences, at least
he/she will be learning the names of the animals.*

29.2 Be' wnaethoch chi glywed?

Pan fyddwch chi yn y dosbarth mae'n bosib y byddwch chi'n clywed y pethau yma:
When you are in class it's possible you will hear these things:

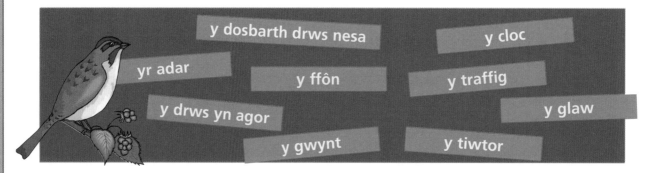

Mi fydd y tiwtor yn gofyn i bawb fod yn dawel. Caewch eich llygaid a gwrando'n astud
am funud. Pan fydd y tiwtor yn dweud wrthoch chi am agor eich llygaid, dwedwch
wrth eich partner pa rai o'r pethau uchod glywoch chi a pha rai na chlywoch chi.
*The tutor will ask everyone to be quiet. Close your eyes and listen carefully for a minute.
When the tutor tells you to open your eyes, tell your partner which of the above things
you heard and which you didn't hear.*

e.e.   Mi glywais i'r traffig, mi glywais i'r glaw ac mi glywais i'r ffôn.
Chlywais i mo'r adar, chlywais i mo'r gwynt a chlywais i mo'r cloc.

 **Adre efo'r plant**

Gwnewch yr un peth efo'r plant.
Do the same thing with the children.

Cân

Tôn – 'For He's a Jolly Good Fellow'
[y plentyn neu'r plant
i weiddi dyddiad eu
pen-blwydd yn y llinell ola]

(acen/*accent* ar 'mae'
i gael y geiriau i ffitio)

Pryd mae dy ben-blwydd di?
Pryd mae dy ben-blwydd di?
Pryd mae dy ben-blwydd, Carys Wyn?
Y degfed o Fawrth!

Pryd mae dy ben-blwydd di?
Pryd mae dy ben-blwydd di?
Pryd mae dy ben-blwydd, Ifan bach?
Y nawfed o Awst!

uned 30

30.1 Darllen llyfrau

Mae'r tiwtor wedi dŵad â llyfrau plant i'r dosbarth. Cymerwch dro i ddarllen
stori i'ch partner. Ar ôl gorffen y stori, caewch y llyfr a cheisio cofio'r stori.

*The tutor has brought children's books to class. Take turns to read your partner
a story. After finishing the story, close the book and try to remember the story.*

Mi fydd y tiwtor yn casglu'r llyfrau a'u hailddosbarthu. Unwaith eto cymerwch
dro i ddarllen stori i'ch partner. Ar ôl gorffen, caewch y llyfr a cheisio cofio'r stori.

*The tutor will collect the books and redistribute them. Once again, take your turn to read
your partner a story. When you have finished, close the book and try to remember the story.*

 Adre efo'r plant

Ar ôl darllen stori i'r plant, gofynnwch iddyn nhw geisio cofio'r stori.

After reading the children a story, ask them to try to remember the story.

30.2 Be' oeddet ti'n feddwl o'r llyfrau?

Efo'ch partner cymharwch y llyfrau ddarllenoch chi. Dwedwch pa un ydy:

With your partner compare the books you read. Say which one is:

y gorau	y gwaetha	y mwya lliwgar	y mwya doniol

30.3 Edrych nôl

Efo'ch partner, edrychwch nôl trwy'r llyfr hwn a dweud pa weithgareddau
dach chi wedi gwneud efo'r plant. Os oes 'na weithgareddau dach chi heb
wneud hyd yn hyn, gwnewch nodyn o rif y dudalen.

*With your partner, look back through this book and say which activities
you have done with the children. If there are activities you have not done
up to now, make a note of the page number.*

Mi fydda i'n edrych eto ar dudalen _____

Crynodeb o amseroedd y ferf
Summary of verb tenses

Y Presennol / The Present

Dw i'n gweld *I see/am seeing*	Dw i ddim yn gweld *I don't see/am not seeing*	Dw i'n gweld? *Do I see?/Am I seeing?*
Rwyt ti'n gweld *You see/are seeing*	Dwyt ti ddim yn gweld *You don't see/are not seeing*	Wyt ti'n gweld? *Do you see?/Are you seeing?*
Mae o'n/hi'n gweld *He/she sees/is seeing*	Dydy o/hi ddim yn gweld *He/she doesn't see/is not seeing*	Ydy o'n/hi'n gweld? *Does he/she see?/Is he/she seeing?*
Dan ni'n gweld *We see/are seeing*	Dan ni ddim yn gweld *We don't see/are not seeing*	Dan ni'n gweld? *Do we see?/Are we seeing?*
Dach chi'n gweld *You see/are seeing*	Dach chi ddim yn gweld *You don't see/are not seeing*	Dach chi'n gweld? *Do you see?/Are you seeing?*
Maen nhw'n gweld *They see/are seeing*	Dyn nhw ddim yn gweld *They don't see/are not seeing*	Dyn nhw'n gweld? *Do they see?/Are they seeing?*

Y Perfaith / The Perfect

Dw i wedi gweld *I have seen*	Dw i ddim wedi gweld *I haven't seen*	Dw i wedi gweld? *Have I seen?*
Rwyt ti wedi gweld *You have seen*	Dwyt ti ddim wedi gweld *You haven't seen*	Wyt ti wedi gweld? *Have you seen?*
Mae o/hi wedi gweld *He/she has seen*	Dydy o/hi ddim wedi gweld *He/she hasn't seen*	Ydy o/hi wedi gweld? *Has he/she seen?*
Dan ni wedi gweld *We have seen*	Dan ni ddim wedi gweld *We haven't seen*	Dan ni wedi gweld? *Have we seen?*
Dach chi wedi gweld *You have seen*	Dach chi ddim wedi gweld *You haven't seen*	Dach chi wedi gweld? *Have you seen?*
Maen nhw wedi gweld *They have seen*	Dyn nhw ddim wedi gweld *They haven't seen*	Dyn nhw wedi gweld? *Have they seen?*

Yr Amherffaith / The Imperfect

Ro'n i'n gweld
I was seeing/used to see

Do'n i ddim yn gweld
I wasn't seeing/didn't use to see

O'n i'n gweld?
Was I seeing?/Did I use to see?

Roeddet ti'n gweld
You were seeing/used to see

Doeddet ti ddim yn gweld
You weren't seeing/didn't use to see

Oeddet ti'n gweld?
Were you seeing?/Did you use to see?

Roedd o'n/hi'n gweld
He/she was seeing/used to see

Doedd o/hi ddim yn gweld
He/she wasn't seeing/didn't use to see

Oedd o'n/hi'n gweld?
Was he/she seeing?/Did he/she use to see?

Roedden ni'n gweld
We were seeing/used to see

Doedden ni ddim yn gweld
We weren't seeing/didn't use to see

Oedden ni'n gweld?
Were we seeing?/Did we use to see?

Roeddech chi'n gweld
You were seeing/used to see

Doeddech chi ddim yn gweld
You weren't seeing/didn't use to see

Oeddech chi'n gweld?
Were you seeing?/Did you use to see?

Roedden nhw'n gweld
They were seeing/used to see

Doedden nhw ddim yn gweld
They weren't seeing/didn't use to see

Oedden nhw'n gweld?
Were they seeing?/Did they use to see?

Y Dyfodol / The Future

Mi wela i
I'll see (sometimes also 'I see')

Wela i ddim
I won't see

Wela i?
Will I see?

Mi weli di
You'll see

Weli di ddim
You won't see

Weli di?
Will you see?

Mi weliff o/hi
He/she will see

Weliff o/hi ddim
He/she won't see

Weliff o/hi?
Will he/she see?

Mi welwn ni
We'll see

Welwn ni ddim
We won't see

Welwn ni?
Will we see?

Mi welwch chi
You'll see

Welwch chi ddim
You won't see

Welwch chi?
Will you see?

Mi welan nhw
They'll see

Welan nhw ddim
They won't see

Welan nhw?
Will they see?

Y Dyfodol gyda 'bod' / The Future with 'bod'

Mi fydda i'n gweld *I will see/be seeing*	Fydda i ddim yn gweld *I won't see/be seeing*	Fydda i'n gweld? *Will I see?/be seeing?*
Mi fyddi di'n gweld *You will see/be seeing*	Fyddi di ddim yn gweld *You won't see/be seeing*	Fyddi di'n gweld? *Will you see?/be seeing?*
Mi fydd o'n/hi'n gweld *He/she will see/be seeing*	Fydd o/hi ddim yn gweld *He/she won't see/be seeing*	Fydd o'n/hi'n gweld? *Will he/she see?/be seeing?*
Mi fyddwn ni'n gweld *We will see/be seeing*	Fyddwn ni ddim yn gweld *We won't see/be seeing*	Fyddwn ni'n gweld? *Will we see?/be seeing?*
Mi fyddwch chi'n gweld *You will see/be seeing*	Fyddwch chi ddim yn gweld *You won't see/be seeing*	Fyddwch chi'n gweld? *Will you see?/be seeing?*
Mi fyddan nhw'n gweld *They will see/be seeing*	Fyddan nhw ddim yn gweld *They won't see/be seeing*	Fyddan nhw'n gweld? *Will they see?/be seeing?*

Y Dyfodol gyda 'gwneud' / The Future using 'gwneud'

Mi wna i weld *I'll see*	Wna i ddim gweld *I won't see*	Wna i weld? *Will I see?*
Mi wnei di weld *You'll see*	Wnei di ddim gweld *You won't see*	Wnei di weld? *Will you see?*
Mi wnaiff o/hi weld *He/she'll see*	Wnaiff o/hi ddim gweld *He/she won't see*	Wnaiff o/hi weld? *Will he/she see?*
Mi wnawn ni weld *We'll see*	Wnawn ni ddim gweld *We won't see*	Wnawn ni weld? *Will we see?*
Mi wnewch chi weld *You'll see*	Wnewch chi ddim gweld *You won't see*	Wnewch chi weld? *Will you see?*
Mi wnân nhw weld *They'll see*	Wnân nhw ddim gweld *They won't see*	Wnân nhw weld? *Will they see?*

Yr Amodol / The Conditional

Mi faswn i'n gweld *I would see*	Faswn i ddim yn gweld *I wouldn't see*	Faswn i'n gweld? *Would I see?*
Mi faset ti'n gweld *You would see*	Faset ti ddim yn gweld *You wouldn't see*	Faset ti'n gweld? *Would you see?*
Mi fasai fo'n/hi'n gweld *He/she would see*	Fasai fo/hi ddim yn gweld *He/she wouldn't see*	Fasai fo'n/hi'n gweld? *Would he/she see?*
Mi fasen ni'n gweld *We would see*	Fasen ni ddim yn gweld *We wouldn't see*	Fasen ni'n gweld? *Would we see?*
Mi fasech chi'n gweld *You would see*	Fasech chi ddim yn gweld *You wouldn't see*	Fasech chi'n gweld? *Would you see?*
Mi fasen nhw'n gweld *They would see*	Fasen nhw ddim yn gweld *They wouldn't see*	Fasen nhw'n gweld? *Would they see?*

Mi hoffwn i / Mi allwn i / Mi fedrwn i / Mi ddylwn i

Mi hoffwn i weld
I would like to see

Hoffwn i ddim gweld
I wouldn't like to see

Hoffwn i weld?
Would I like to see?

Mi hoffet ti weld
You would like to see

Hoffet ti ddim gweld
You wouldn't like to see

Hoffet ti weld?
Would you like to see?

Mi hoffai fo/hi weld
He/she would like to see

Hoffai fo/hi ddim gweld
He/she wouldn't like to see

Hoffai fo/hi weld?
Would he/she like to see?

Mi hoffen ni weld
We would like to see

Hoffen ni ddim gweld
We wouldn't like to see

Hoffen ni weld?
Would we like to see?

Mi hoffech chi weld
You would like to see

Hoffech chi ddim gweld
You wouldn't like to see

Hoffech chi weld?
Would you like to see?

Mi hoffen nhw weld
They would like to see

Hoffen nhw ddim gweld
They wouldn't like to see

Hoffen nhw weld?
Would they like to see?

Mi allwn i weld
I could see

Allwn i ddim gweld
I couldn't see

Allwn i weld?
Could I see?

Mi allet ti weld
You could see

Allet ti ddim gweld
You couldn't see

Allet ti weld?
Could you see?

Mi allai fo/hi weld
He/she could see

Allai fo/hi ddim gweld
He/she couldn't see

Allai fo/hi weld?
Could he/she see?

Mi allen ni weld
We could see

Allen ni ddim gweld
We couldn't see

Allen ni weld?
Could we see?

Mi allech chi weld
You could see

Allech chi ddim gweld
You couldn't see

Allech chi weld?
Could you see?

Mi allen nhw weld
They could see

Allen nhw ddim gweld
They couldn't see

Allen nhw weld?
Could they see?

Mi fedrwn i weld
I could see

Fedrwn i ddim gweld
I couldn't see

Fedrwn i weld?
Could I see?

Mi fedret ti weld
You could see

Fedret ti ddim gweld
You couldn't see

Fedret ti weld?
Could you see?

Mi fedrai fo/hi weld
He/she could see

Fedrai fo/hi ddim gweld
He/she couldn't see

Fedrai fo/hi weld?
Could he/she see?

Mi fedren ni weld
We could see

Fedren ni ddim gweld
We couldn't see

Fedren ni weld?
Could we see?

Mi fedrech chi weld
You could see

Fedrech chi ddim gweld
You couldn't see

Fedrech chi weld?
Could you see?

Mi fedren nhw weld
They could see

Fedren nhw ddim gweld
They couldn't see

Fedren nhw weld?
Could they see?

Mi ddylwn i weld *I should see*	Ddylwn i ddim gweld *I shouldn't see*	Ddylwn i weld? *Should I see?*
Mi ddylet ti weld *You should see*	Ddylet ti ddim gweld *You shouldn't see*	Ddylet ti weld? *Should you see?*
Mi ddylai fo/hi weld *He/she should see*	Ddylai fo/hi ddim gweld *He/she shouldn't see*	Ddylai fo/hi weld? *Should he/she see?*
Mi ddylen ni weld *We should see*	Ddylen ni ddim gweld *We shouldn't see*	Ddylen ni weld? *Should we see?*
Mi ddylech chi weld *You should see*	Ddylech chi ddim gweld *You shouldn't see*	Ddylech chi weld? *Should you see?*
Mi ddylen nhw weld *They should see*	Ddylen nhw ddim gweld *They shouldn't see*	Ddylen nhw weld? *Should they see?*

Y Gorffennol / The Past

Mi welais i *I saw*	Welais i ddim *I didn't see*	Welais i? *Did I see?*
Mi welaist ti *You saw*	Welaist ti ddim *You didn't see*	Welaist ti? *Did you see?*
Mi welodd o/hi *He/she saw*	Welodd o/hi ddim *He/she didn't see*	Welodd o/hi? *Did he/she see?*
Mi welon ni *We saw*	Welon ni ddim *We didn't see*	Welon ni? *Did we see?*
Mi weloch chi *You saw*	Weloch chi ddim *You didn't see*	Weloch chi? *Did you see?*
Mi welon nhw *They saw*	Welon nhw ddim *They didn't see*	Welon nhw? *Did they see?*

Y Gorffennol gyda 'gwneud' / The Past using 'gwneud'

Mi wnes i weld *I saw*	Wnes i ddim gweld *I didn't see*	Wnes i weld? *Did I see?*
Mi wnest ti weld *You saw*	Wnest ti ddim gweld *You didn't see*	Wnest ti weld? *Did you see?*
Mi wnaeth o/hi weld *He/she saw*	Wnaeth o/hi ddim gweld *He/she didn't see*	Wnaeth o/hi weld? *Did he/she see?*
Mi wnaethon ni weld *We saw*	Wnaethon ni ddim gweld *We didn't see*	Wnaethon ni weld? *Did we see?*
Mi wnaethoch chi weld *You saw*	Wnaethoch chi ddim gweld *You didn't see*	Wnaethoch chi weld? *Did you see?*
Mi wnaethon nhw weld *They saw*	Wnaethon nhw ddim gweld *They didn't see*	Wnaethon nhw weld? *Did they see?*

Gorffennol 'bod' / The Past of 'bod'

Mi fues i *I was*	Fues i ddim *I was not*	Fues i? *Was I?*
Mi fuest ti *You were*	Fuest ti ddim *You were not*	Fuest ti? *Were you?*
Mi fuodd o/hi *He/she was*	Fuodd o/hi ddim *He/she was not*	Fuodd o/hi? *Was he/she?*
Mi fuon ni *We were*	Fuon ni ddim *We were not*	Fuon ni? *Were we?*
Mi fuoch chi *You were*	Fuoch chi ddim *You were not*	Fuoch chi? *Were you?*
Mi fuon nhw *They were*	Fuon nhw ddim *They were not*	Fuon nhw? *Were they?*

Y Goddefol / *The Passive*

Byddwch chi'n clywed *You'll hear*	**Efallai y byddwch chi hefyd yn gweld** *You may also see*
Mi ges i fy ngweld *I was seen*	Ces i fy ngweld
Mi gest ti dy weld *You were seen*	Cest ti dy weld
Mi gaeth o ei weld *He was seen*	Cafodd o ei weld
Mi gaeth hi ei gweld *She was seen*	Cafodd hi ei gweld
Mi gaethon ni ein gweld *We were seen*	Cawson ni ein gweld
Mi gaethoch chi eich gweld *You were seen*	Cawsoch chi eich gweld
Mi gaethon nhw eu gweld *They were seen*	Cawson nhw eu gweld